仕事で凹んだときに

Chieko Asakura

社員教育コンサルタント
朝倉千恵子
株式会社新規開拓 代表取締役社長

リンデン舎

はじめに

自分自身の経験から学んだこと、そして社員教育コンサルタントとして長年いろいろな企業様や社員の人を見て思ったことをお伝えしてきました。

まずはラジオ番組のタイトルにもなった「向き不向きより、前向き!」。

自分に合った仕事、やりたかった仕事をしている人はまれです。

合っている合っていない、向いている向いていないを考えるよりも、まずは前向きに取り組んでみること。

やる気に勝る才能はありません。

セルフイメージを高く持って、なりたい自分を強くイメージしてください。

次に夢サイクルです。

夢があるから目標を持つことができ、目標を持つから計画を立てる、計画を立てるから行動に移すことができ、行動に移したから結果が出る。

結果が出るから自信につながり、自信がやがて夢をかなえる。

成功している人がみなやっている、これが夢サイクルです。

夢に期日をつけると目標になります。

紙に書いたことは実現します。

ぜひ手帳やノートに自分の夢を書いて毎日ながめてみてください。

それから仕事は「利他《りた》の心」が大切ということです。

利己主義は一時的に得をしても長続きしません。

ビジネスの世界で、自分本位では信用を勝ち取れません。

人の短所は目についても、自分の悪いところは気づかないものです。

だからこそ、ときには客観的に自分を見つめることが必要です。

人間はエゴの塊ですが、それをちょっとだけ押さえ、その分を他人のためにまわしましょう。

優しさや思いやりとは、相手のために時間を使い、相手の心に寄り添うことだと思います。


最後に、昨日と違う今日を過ごしてみること。

昨日と同じ今日を過ごしていてもなにも変わりません。

もっとよくなりたい、違う結果がほしいと願うなら、常に新しいことにチャレンジしてみることです。

人生にはずれくじや貧乏くじはありません。
今日の苦労は、かならず将来の肥やしになります。
はずれくじだと思っていたものが、じつは当たりくじだったりします。
大当たりにできるかどうかは自分しだい。
そのときその場を一生懸命過ごすかどうかです。

今日1日は一生の縮図。
人生はおひとりさま1回限りです。
どうか、仕事を通じて実りある未来を切り開いてください。

contents

2章

毎日充実した社会人生活を送るために

「できる人」が大事にしている仕事の基本

3章

ワンランク上の仕事をするために

「さすが！」と言われる仕事のコツ

4章

仕事でなかなか結果が出なくて悩んでいるときに

成功をつかむための第一歩

5章

まわりから応援される人になるために

あなたと一緒に働きたいと思われるヒント

6章

昨日と違う自分になりたいときに

明日が変わる「仕事」と「生き方」

この本はＳＢＣラジオ
「朝倉千恵子の向き不向きより前向き」で
放送された内容を書籍化したものです

1章

向き不向きより前向き

いまの仕事がちょっと嫌になりかけたときに

明日から笑顔でイキイキと働くための考え方

1

仕事は、向き不向きより前向き

人からいただいた言葉や、本で見つけた言葉が一生の心の支えになることがあります。

いまからだいぶ前になりますが、35歳で莫大《ばくだい》な借金を抱えた私は、朝から夕方までは会社、夜は居酒屋でアルバイト、土日も別の仕事をするトリプルワークをしていました。

明日の希望を信じることよりお金を返すことに精いっぱいの毎日でした。

そのアルバイト先に、いつも元気で明るく楽しく仕事をしている店長がいました。

私は、いつもあまりに店長が楽しそうなので質問してみました。

「店長、商売に向き、不向きってありますか？」

するとこんな答えが返ってきました。

「仕事に、いい仕事も悪い仕事もないの。向き不向きより、前向きよ。向いているか向いていないかを考えるヒマがあったら、前向きにトライしなきゃ」


いまの仕事が、自分に向いているかどうか悩んでいる人は多いと思います。

もっと向いている仕事があるんじゃないかと考えている人がたくさんいると思います。


でも、ちょっと考えてみてください。

世の中のどれくらいの人が、向いている仕事をしているのでしょうか？

そして、あなたはいまの仕事を、これ以上ないくらい、誰にも負けないくらい一生懸命やっていますか？

超一流になるためには、素質や才能が必要かもしれませんが、ちょっと人より抜きんでたりする程度であれば、そんなことはたいして関係ありません。もっとも大切なことは前向きな気持ちです。

目の前にある仕事を懸命にやりきれば、結果はかならずあとからついてきます。

大切なのは「向いているか、向いていないか」ではなく、「やるか、やらないか」です。できない理由を探すのではなく、できる方法を考える。できるまでやり続けるかどうかです。

一生懸命仕事をしていると、楽しくなります。

楽しくなると続けられます。続けられればかならず成果があらわれます。

向いていない仕事が、自分に向いてくる瞬間がやってきます。

「向き不向きより、前向き」

まずは、今日1日、自分の仕事ぶりを見直して前向きにトライしてみませんか？

2

好きな仕事につくか、ついた仕事を好きになるか？

仕事には2種類あります。
好きな仕事につくか？
ついた仕事を好きになるか？
好きな仕事についている人は本当に幸せです。
でも、世の中のいったいどれくらいの人が、好きな仕事につけているのでしょうか？
おそらく、とても少ないのではないかと思います。
私の場合、好きな仕事は小学校の先生でした。

その先生になれたのですから、とても幸せな社会人スタートでした。

営業の仕事は好きな仕事ではありませんでした。

正直言ってむしろ、営業の仕事だけにはつきたくなかった。

これが本心です。

営業は、生きるため、食べるため、借金を返すためにしかたなくついた仕事でした。

しかし、その営業という仕事で確実に人生は変わりました。

それまでの自分には、まったく予想できなかった世界が広がったのです。


ついた仕事を好きになる方法はただ1つしかありません。

毎日毎日をがむしゃらに、その仕事を頑張ることです。

頑張って、工夫して、成果を出して、認められると、どんな仕事でも楽しくなってきます。

さらにはその姿を見て、かならず応援してくれる人もあらわれます。

ついた仕事が好きになる瞬間がきっと訪れます。
人事異動も同じです。
自分の望んでいる部署に行ける人は幸せです。
人事異動は、会社の決定事項ですから、自分の希望と違うと余計に不満が募ります。
「なんで私が…」と文句を言っているうちは、絶対に新しい部署でうまくいきません。
文句ばかり言っている人を誰も助けてはくれません。

変わりたいなら過去を否定することです。
過去を引きずっていてはいつまでたってもなにも変わりません。
いま現在の仕事を好きになる、好きになる努力をする。
与えられた仕事を懸命に頑張る。
与えられた役職を懸命に頑張る。
まさに、「一〝所〟懸命」に頑張ることによって、新しい世界で新しい道が開けます。

自分の仕事に不満や愚痴から入っていないでしょうか？
今日1日がはじまる前にもう一度考えてみませんか？
いま、できることを精いっぱいやる。
すぐに答えは出なくても、結果・成果はかならずあとからついてきますよ。

3

頑張っていると
かならず苦労が快感に
変わるときがあります。

ランナーズ・ハイという言葉をご存じでしょうか？

長い距離を走っていると、当然きつく、苦しくなります。

その状態が続いたとき、人間の脳は脳内麻薬という物質を出して、そのつらさをやわらげるそうです。

やわらげるというより、気持ちよくなってしまうほどだそうです。

この興奮状態が、いわゆる「ランナーズ・ハイ」です。

仕事でも、同じような現象が起きるときがあります。

最初は、つらい仕事だったのにいつしか楽しくなっている。

ビジネス・ハイとでも名づけましょうか。

たとえば、営業で何件まわっても契約がとれなかったのに、ふとしたきっかけで契約がとれた途端、楽しくなってその後どんどん契約がとれるようになる。

私は、まさにそうでした。

生きていくために、しかたなく選んだ営業の仕事。

望んだわけでも、自分に向いていると考えて入った世界でもありませんでした。

正直、最初は嫌で嫌でしょうがなかったです。

ただがむしゃらに、背水の陣で毎日頑張っていました。

やがて、契約がとれるようになってくると、自分なりの工夫を重ねるようになり、
そうなればもう仕事は楽しいだけです。

楽しくなれば、かならず成果も伸びてきます。

ついた仕事を好きになる方法は、ただ1つしかありません。
その仕事を、とことんやってみることです。
向いている、向いていないを考える前に精いっぱいやってみることです。

頑張ることや努力はとても大切ですが、続けるにはなみなみならぬ精神力が必要です。

でも大丈夫です。

頑張り続けていると、かならず自分の仕事が好きになる瞬間がやってきます。

しかも、それはそれほど遠い先の話ではありません。

適当にやっていては、絶対にビジネス・ハイは起こりません。

どんな仕事でも、頑張っている人だけにその瞬間が訪れます。

愚痴をこぼしたり、嘆いたりする前にもうひと頑張りしてみませんか？

4

どんな仕事も工夫して一生懸命やれば楽しくなってきます。

トイレには神様がいると言われています。
飲食店はもちろん、トイレのキレイな会社やお店はかならず繁盛しています。
私の知り合いから聞いたエピソードです。
その人は、中学時代のトイレ掃除当番で仕事観を学んだと言います。
掃除当番のなかで一番嫌われるのがトイレ掃除です。
彼の班は、くじ引きでその当番が当たってしまいました。
当然、誰もがやる気は出ないし、サボってばかりでした。

彼も同じ気持ちでしたが、はじめて班長を任されたときに、せめて自分だけはと思い掃除を頑張ってやってみました。

すると、掃除がだんだんと楽しくなってきたと言います。

ほかの場所の掃除以上に汚いものがキレイになっていく快感がありました。

そのときから、周囲にも変化が起こりました。

喜々として掃除をしている班長を見て、サボってばかりいた仲間もちょっとずつ掃除をするようになりました。

班員が同じように快感を覚えるまでに時間はかかりませんでした。

楽しくなると、自発性や積極性が芽生えます。

学校から支給される掃除道具では満足できず、こっそり自分たちでお金を出し合って購入までしてしまいました。

いつしか便器の裏から窓のサッシの溝にいたるまで掃除できるところはすべてキレイにしてしまいました。

もっともっとキレイにできないか、みんなで考えました。

ホテルのようにトイレットペーパーを三角に畳んでみたり、汚されないよう張り紙をしてみたり…。

喜んで掃除に出かけていくその班はちょっと有名になりました。


2か月ほどたったとき、なんと全校集会で校長先生から、「最近2階の男子トイレがキレイだと評判だ」とほめられました。

すっかりもう有頂天です。

掃除当番は3か月で終了となりましたが、あれほど嫌だったトイレ掃除でも一生懸命にやれば楽しい、工夫をすればもっと楽しいということを学びました。

まさにトイレの神様がほほえんでくれたわけです。


どんな仕事もまったく同じです。

一生懸命やって、工夫をすれば楽しくなる。

今日も昨日と同じやり方で仕事をしていませんか？
仲間の変化や頑張りに気づいて、ほめたり声をかけたりしていますか？
これを続ければ、どんな仕事や職場もきっといまよりよくなっていきます。

5

やりがいは与えられるものではなく自分でつくるもの

「私はこんな仕事をするために、会社に入ったのではない」

こんな愚痴《ぐち》をこぼしている人がよくいます。

自分はもっとできるはず、いまの仕事には、やりがいをまったく感じない……と。

以前、こんな話を聞いたことがあります。

ある外資系企業で十数年間、経理を担当してきた女性がいました。

今年の年俸を提示されると、去年とまったく変わらない額だったのです。

「私はこの仕事を十数年間もやっているのに、なぜ年俸が上がらないのか」と彼女は不満を持ちました。

ところがあとから入社した別の社員が、「十数年間、同じ仕事しかしていないのに、年俸を上げてくれと言うこと自体がおかしい」と指摘したのです。

やっていることが同じならば、年俸も同じなのは当然だと指摘したのです。

年功序列に慣れ親しんだ日本企業の考え方にはなじまないかもしれませんし、年齢が上がれば給料が上がって当然という思いは誰しもあります。

でもたとえ年功序列の給与体系であっても、毎年同じ内容を同じスキルでやっていればいいというわけではありません。

年功序列のなかには、歳を重ねるごとにそれまでの経験を活かして昨年の自分よりもよい仕事をするということや、そのノウハウを後輩に教えるという意味合いが込められているはずです。

何年も同じ分野でキャリアを積んできたのであれば、さらに創意工夫をして、プラスアルファの仕事をしていくべきで、それだけの成果を上げてはじめて年俸アップを要求できるのではないでしょうか。


仕事とはつくり上げていくものです。

自分なりの目標を持って、考えながら仕事をしていけば、どんな業務に対しても達成感を持てます。

それだけでなく、つくり上げるプロセスを楽しむこともできます。

こんな工夫をしてみたら、1分短縮できた。

もうひと工夫してみたら2分短縮できた…などなど。

やらされ仕事はつまらないものですが、ちょっとでも自分の前向きな気持ちが入れば全然違ったものになります。

結果はもちろん大切ですが、そうしてつくり上げていくプロセスを楽しむことも、仕事のやりがいと言えるのではないでしょうか?

それだけ自分が成長していることを実感できるのですから…。

この世に、〝やりがいのない仕事〟などありません。

それは単に〝やりがいがないと思っている仕事〟ということです。


やりがいのある仕事は、与えられるものではありません。

自分から積極的に求めていかなければ、いつまでたっても見つかるはずがないものです。

やりがいは、目の前の仕事を創意工夫して極めること、それに尽きます。

6

仕事は経験よりも前向きなやる気が大事

どの職場でもその部署で仕事の経験の長い人がいます。

「ベテラン」という言葉は、一般的に多くの経験を積んだ百戦錬磨《れんま》の優秀なビジネスマンという意味合いで使いますが、実際のところそれがすべての人に当てはまるとは言えません。

営業の職場なら、新入社員が思いもかけない新規を開拓してきたり、若手が先輩社員よりも売り上げがよかったりすることはよくあります。

ベテランと職人とはちょっと意味合いが違います。

1つの仕事をどこまでも突き詰め、さらに進化させるのが職人。

ただただ経験が長いだけでは職人のような仕事はできません。

ベテランも職人のように経験が長い分だけ成長できればいいのですが、なかにはしだいに意欲をなくしたり、仕事の手抜きをしてしまったりするなんてことが見受けられます。

これを私は「ベテラン病」と呼んでいます。

ベテラン病をお医者様のように見立てるならこんな感じです。

まず、ベテラン病にかかっている人は口グセが特徴的です。

「どうせ無理」「たぶんダメだろう」

やる前から否定的な言葉が出てきます。

営業であれば、「あそこは行ったことあるけどダメだったよ」と5年も10年も前の話を持ち出してきます。

この何年かで状況も担当者も変わっているかもしれないのに、過去の経験で決めつけてしまうのです。

毎日の行動も、朝決まった時間に来て、決まった時間に帰る。

決まった訪問先やお客様としか会わない。

食事もいつも同じところ、社内の人間関係もいつも同じ人としか話さない。

やがて、まわりのやることや会社の評論ばかりするようになる。

こうなるとベテラン病は末期症状で、手のほどこしようがなくなります。


仕事は「経験や年数よりも前向きなやる気」が大事です。

緊張感が薄れて楽をしはじめると、だんだんといままで見えていたものも見えなくなってきます。

仕事に必要な情熱がなくなってくると、経験によってつちかったテクニックだけではカバーできなくなります。

ついには、まわりにも悪い影響を与えてしまいます。


みなさんのしている仕事はいま何年目ですか？

無意識に否定的・消極的になっていませんか？

若い社員の前向きなやる気をそがないよう、今日から自分も前向きに取り組んでみませんか？

7

やらされ仕事は3倍疲れて、3倍遅い。

同じ職場で、同じように働いているのにイキイキとして働いている人、それと反対にため息ばかりついている人がいます。

この差はどこから来るのでしょうか？

仕事というのは不思議なものです。人からやらされる仕事と自ら進んでやる仕事では、楽しさも疲れ方も、能率も全然違う。

やらされ仕事は3倍疲れて、3倍遅い。しかも楽しくない。

経営者や管理職があんなに働いていても元気なのは、自ら進んでやっているからにほかありません。

アドレナリンが出ているからです。

肉体的には疲れ方は一緒でも精神的な疲れ方が違うのです。

ボランティアが一番いい例かもしれません。

無報酬のボランティアが成り立つのは、自ら進んでやることに喜びや楽しさを見い出しているからです。

これが誰かに命令されて、しかも報酬がないとなれば、不満や疲労感は半端ではないことは容易に想像がつきます。

確かに上司からの指示待ちで仕事をするのは、一見楽かもしれません。

しかし、楽をすると楽しくないのが仕事の不思議なところです。

自ら進んで仕事をやるのは、管理職や経営者だけのことではありません。

どの立場であっても、自発的な仕事はあると思います。

組織のために自分になにができるか？

お客様のために自分になにができるか？

上司や後輩のために自分はなにができるか？

そう考えていけば、仕事の幅はもっと広げられるはずです。

逆に管理職や経営者は、1から10まで自分が指示するのではなく、社員や部下が自ら進んで仕事ができる環境をつくらなければいけません。

自発的に働いてほしいと口で言いながら、やることなすことすべて口出ししたり、任せると言いながら実際には上司自ら動いていたり…。

これでは、せっかく張りきってはじめてもやる気を失ってしまいます。


やらされる前に自分からやる。

これが、仕事の疲労感を減らし、喜びを増やす一番の方法であると思います。

2章

毎日充実した社会人生活を送るために

「できる人」が大事にしている仕事の基本

8

社会人に必要なのは「A・B・C・D」

仕事でもスポーツでも大切なのは基礎力です。

基礎力なくして仕事で信頼を勝ち取ることはできません。

ましてや成功を手にすることなど夢のまた夢と言っても過言ではないと思っています。

では、基礎力とは、どんな力なのでしょうか?

ここでの基礎力とは、人間として「当たり前のこと」ができる力のことを言います。

そして仕事に限らず、すべての分野において「できる人の法則」というものがあります。それは「当たり前のことを、バカにしないで、ちゃんとやる」ことです。

仕事や人間関係がうまくいき、日々成長し続け、やがては自分の夢を実現していく人というのは、こうした一見地味に見えることをきっちりやっています。

この「基礎力の条件」と「できる人の法則」を合わせて、私は「A・B・C・Dの法則」と呼んでいます。

A：当たり前のことを
B：バカにしないで
C：ちゃんとやる
D：それが「できる人」

じつは、この当たり前のことができていない人がほとんどなのです。

たとえば、あいさつ。

あいさつが大切だということは誰でも知っていますが、でもそれを相手の目を見て自分からやっていますか？

明るく、元気な声で「おはようございます」と言っていますか？

上司だけでなく、部下にも、お掃除をしてくださる方々にもあいさつしていますか？


それから、身のまわりの整理整頓。

机の上の状態はあなたの頭のなかの状態です。

デスクが散らかっている人は、頭のなかも散らかっています。

履物を揃える、席を立ったら椅子を机のなかに入れる。

なにかを使ったら、出しっぱなしにしないで、もとの位置に戻す。

とくに、他の人と共有する場所やモノについては意識して原状回復することが大切です。

重要書類を出しっぱなし、ＦＡＸを送りっぱなし。

後始末のできない人は、仕事も完結できません。

「整理整頓ができなくても、私は成果を上げている」と言う人もいるかもしれません。

でも、そのような人のよい結果は長続きしません。

よい結果をあげていると思っているのは自分だけで、誰かがそのフォローをしていることが多いものです。

事故の少ない工場ほど整理整頓されていて、業績を上げている一流企業の経営者の机ほど、シンプルでなにも置いていないことからも、整理整頓がいかに大切かわかります。

野球選手のイチローさんのような、超一流が一番ストレッチを入念にやったり、グローブやスパイクなどの道具を大切にしたりしているという事実も、当たり前の基本を大事にしている証拠です。


当たり前のことを、バカにしないで、ちゃんとやる。

誰もができる当たり前のことを誰も真似できないほど徹底してやる。

常にそれができるように、当たり前の基礎力「A・B・C・D」を見直してみませんか？

9

「はい」「おはようございます」「ありがとうございます」は幸せになる3つの言葉です。

どれも当たり前のあいさつ、当たり前の返事です。

小学校の授業のようですが、大人になってからも本当に大切なことです。

当たり前のわかりきったことだからこそ落とし穴があります。

当たり前のことが当たり前にできていない。

なぜかうまくいかない人、なぜか業績の悪い会社には、共通してこの傾向が見られます。

社会人に必要な「A・B・C・Dの法則」の「A・B・C」。

A当たり前のことを、Bバカにしないで、Cちゃんとやる。

この当たり前のことほど、バカにして、ちゃんとやっていない会社があまりにも多く見受けられます。


仕事ができるようになる言葉は、幸せになるための言葉でもあります。まさに運が向いてくる魔法の言葉です。


まずは「はい」という返事。

キレがよく元気な返事は気持ちがいいですね。

いい返事ができる人には、不思議といい仕事が集まります。

「はい」はたった2文字で承認・理解をあらわす、短い意思表示ですが、きちんと使えると職場の雰囲気もあなたの印象も大きく変わる言葉です。

2つ目は「おはようございます」

この言葉には、その日1日の仕事のスイッチを入れる意味が込められています。

おたがいが元気になるコミュニケーションの言葉です。

上司だろうが、部下だろうが、気がついたほうから明るく元気に大きな声であいさつする。

「あざーす」とか「おはよーっす」などといい加減に言わないで、「おはようございます」と言えてますでしょうか？

そして最後に「ありがとうございます」。

「ありがとう」と言われて嫌な気持ちになる人はいません。

言われたほうも、言ったあなたも優しい気持ちになる言葉です。

日本語のなかで一番美しい言葉だと思います。

まわりの人に感謝する気持ち、出来事に感謝する気持ちがあれば、自然と運がまわってきます。

あいさつもまともにできない人や会社に、大きな仕事はできません。

気持ちのゆるみやたるみ、コミュニケーション不足によるミスは、あいさつや返事をおろそかにしている組織に起こりがちです。

「知っていること」と「できること」は違います。
当たり前の、当たり前すぎるあいさつと返事。
幸せになる秘訣《ひけつ》は、この言葉をきちんと使っているかどうかからはじまります。
「はい」「おはようございます」「ありがとう」
あなた自身もまわりも今日から見直してみませんか？
かならずなにかが変わりはじめます。

10

一生懸命働くことを誤解していませんか？

一生懸命働くことと、長い時間働くこととは少し意味が違います。

どこの職場にもいます。

誰よりも早く出社して、または遅い時間まで会社にいて、休日も出勤して、長い時間働いているけれど、そんなに成果や結果が出ていない方。

私の会社にもいました。

はじめは、その頑張りに頭が下がる思いでした。

でも、上司のひと言は、「その姿勢に感謝はするけれど、評価はしない」というものでした。

部下からすれば、こんなに一生懸命やっているのにどうして評価してもらえないんだろう、ということになります。

それは会社が求めている仕事に対する一生懸命さと、本人の一生懸命さとは意味が違うからです。

冷たいようですが、感謝と評価は別ということです。

長く働くことや遅くまで働くことを評価してしまっては、社員の誰もがそうしないと評価されないと錯覚してしまうからです。

時間は誰にも等しく限られて与えられているものですから、会社が発展するためには、ひとりひとりがその時間の密度を上げていくしかありません。

会社の求めているものは、成果や結果であり、そのために費やす時間ではないんです。

そこを勘違いすると「どうしてこんなに頑張っているのに…」となってしまうのです。

一生懸命働くのは当然のことで、それは規定の時間内にいかに効率よく、一生懸命働くかということです。

与えられた時間のなかでいかに成果を出すかが能力であり評価のポイントです。

残業代がほしいばかりにダラダラと仕事をするなんてもってのほかです。会社にとってはまったく必要ない人材です。


丁寧に仕事をすることはとてもよいことです。

ただ、やろうと思えば仕事はいくらでも丁寧にできます。

やればやるほど時間が必要になってきます。

丁寧に仕事をやっている部下を上司は注意しにくいものです。

「もっと適当にやれ」とか、「手を抜け」というのはちょっと言いにくいのです。

大事なことは、その作業にかかる時間は本当に必要なのかということです。

もっと言えば、そこまでやる必要があるかどうか？

他の人がやったらもっと効率のいいやり方がないだろうか？

もっと成果の出せる方法はないか？

それを常に考えることです。

自分の頑張りが、会社からも正当に評価されるよう、働き方や時間の使い方をあらためて考えてみませんか？

散らかっているデスクやカバンは、あなたの頭のなかそのものです。

11

机の上はいまどのような状態ですか？
もしかして、書類が山積みになっていませんか？
名刺やペットボトルが転がっていませんか？
何年も前の資料が本立てや足元にいっぱいありませんか？
業績のいい、忙しい社長の机ほどキレイになっています。
机の上に載っているものが少ないことに驚きます。
極端に言えば電話とパソコンそれだけです。

以前テレビを見て驚いたのは、戦後日本を統治した連合国軍総司令部（GHQ）のマッカーサー元帥の事務机は、引き出しも本立てもないテーブルのようなデスクで、常にその上にはなにも載っていなかったのだそうです。

つまり、案件を即座にその場で判断して処理していたんです。

机の上の状態は、あなたの頭のなか、そのものです。

残業が多い人、効率が悪い人、ミスが多い人の机は、散らかっていることが多いものです。

机が散らかる、モノが多いというのは、物事を先送りしたり、判断ができなかったりする思考のあらわれです。

その傾向は、かならず日ごろの仕事ぶりにも出ているはずです。

机を片づけるというのは、判断力を鍛えるよいトレーニングにもなると思います。

会社の自分の机は、自分のものではありません。

自分の家や車とは意味が違います。

あくまでも会社の一部、パブリックなスペースです。

そこを勘違いしてはいけません。

自分の机だからちょっとは散らかっていたっていいじゃないか、というのは自分勝手な思い込みです。

外から来たお客様が見たら、この会社の社員をどう思うか？

恥ずかしい思いをするのは、あなた以上に同僚たちです。

ただし、ここにも落とし穴があります。

身のまわりの整理整頓は、とっても大切なことですが、これは手段であって目的ではありません。

机の上のレイアウトや、整理整頓ばかりして肝心な仕事をしない人が見受けられます。

なんとなく整理整頓していると仕事をしているような気がしてくるのです。
キレイになっていれば怒られることもないし、本当の仕事からの逃避手段になってては本末転倒です。

あくまでも、自分の仕事の能率や効率を上げるためのサイドワークだということを忘れないでください。

今日オフィスに行ったら、自分の机を片づけてみませんか?
どれくらい無駄なものが置いてあるでしょうか?
それは、すなわち毎日の無駄な作業と同じかもしれませんよ。
スッキリとした環境で、効率的に仕事をしたいものです。

12

人の中身は外見にもあらわれます。

「姿勢がいい」とは、まさに姿に勢いがあり、美しいさまを言います。

自信を持ってバリバリと働いている人は姿勢が美しいのです。

まさしく胸を張って仕事をしているからです（私が小学校の先生をしていたとき、姿勢のいい子は集中力があったことをよく覚えています）。

その反対に、猫背の人を見ると誰しも、ちょっと元気がないなあという印象を受けます。

実際、元気のないときは、無意識に下を向いて背中を丸めていることが多いものです。

つまり、心のなかは姿勢にあらわれるというわけです。

元気がないから姿勢が悪くなるのも事実ですが、姿勢が悪いから、元気がなくなる、マイナス思考になるのもまた事実なのです。

ポケットに手を突っ込んだり、下を向いて歩いていたりしているとついつい猫背になってしまいがちです。


元気に歩けば、自然と考え方も前向きになってきます。

元気のないときほど、姿勢をよくして胸を張る。

そして笑顔をつくる。


これだけで、気持ちがだいぶ変わります。


姿勢と同様、服装や身だしなみを整えることもビジネスマンにとって大切な要素です。

見た目がすべてではありませんが、見た目は内面をあらわしているものです。

食品に携わる企業の方が、不潔な身なりをしていたら…。

センスを商売にする職業の方、その方の髪の毛がボサボサだったりしたら…。

このように一期一会のビジネスの場において、見た目の印象は致命的な減点になります。

とくに営業やサービス業において、見た目はそのまま成績につながります。

自分の仕事にかける思いや情熱は、見た目に反映されることが多いものです。

どうしたら、お客様に気に入っていただけるだろうか、と本気で考えれば、自然と身なりまで気をつかうようになるはずです。


性格や内面を変えるのは本当に難しいと思います。

でも、見た目や姿勢は気をつければ変えることができます。

「見た目じゃないよ、中身だよ」というのももっともですが、見た目も変えられないで、どうやって中身を変えることができるのでしょうか?

外見を変えることで中身もだんだんと変わっていきます。
中身も、もっとよくなりたいと思うなら、まずは見た目から変えてみましょう。

清潔な身なりと美しい姿勢。
それに気をつけるだけで、まわりの見る目はかなり変わります。
見た目で損をする必要はありません。
すぐにできる変化、今日からトライしてみませんか？

13

仕事に行くときはいい服を着てみませんか？

あの人はオーラがあるなどとよく言いますが、オーラの正体っていったいなんなのでしょうか？

「あの人は華がある」という表現が日本語では近いかもしれません。生まれ持った容姿や頭のよさなどから生じるものもありますが、後天的に身につくオーラもあると思います。

それは、まさしくこれまでどのような人生を歩んできたかという、その人の生きざまのことです。

人一倍苦労をして、ほかの人には経験できないような世界を見てきた人には、奥深さや厚みがきっとオーラとしてあらわれると思います。

それから、いまその人がどれくらい自分の仕事に熱意を持っているか、気合が入っているかもやはり一時的にオーラとしてあらわれます。

営業の仕事をしている人なら、誰でも経験のあることですが、気迫のこもったセールスをしているときは成約率が高いものです。

熱意をかってくれるということでもありますが、それ以上に湧き出るオーラが迫力や説得力を増しているんだと思います。

自分に自信があることによって湧き出るのもオーラの特徴です。
うつむいて元気のない人にオーラはありません。

芸能界を見ても、売れっ子になると存在感が増して目がキラキラ、声も大きく堂々としてくるものです。

きっと自信がそうさせているのではないでしょうか。

同様に、仕事のできる人にはオーラがあるものです。


オーラを身につけることができる簡単な方法があります。

それは仕事に行くときは、1つでもいいから、こだわりを身にまとうことです。

できれば、ちょっとだけ背伸びした一流品がいいと思います。

それは、洋服でも、大切にしている時計や靴でもかまいません。

こだわって選んだ服を着たり、お気に入りの靴を履いていると、それだけで、自分自身の気分が上がります。

気合が入っているのと同じことですから、やはり仕事に迫力が出ます。

元気や自信をつける有効な方法です。


さらには一流品と言われるような服やモノには、それ自体にオーラがあるように思います。

その製品ができるまでに、職人が考え抜き、よい材料でつくるのですから、商品にこだわりやストーリーがあるわけです。

語りかけてくるなにかがかならずあるはずです。

であれば、その力を借りない手はありません。

あまりにも高級であったり、華美であったりする必要はありませんが、上質で清潔な服は相手にも好印象を与えます。

いいものを身につけている自信と、それにふさわしくなろうとする無意識のセルフイメージ。

スポーツ同様、まずは形からというのも大切なことだと思います。

14

飲み会も仕事の延長線です。

ビジネスの場では、なにかとお酒の席があります。

私の会社も社員と親睦を深める1つの方法として活用しています。

たかが飲み会ですが、されど飲み会。

その人の人柄や姿勢など、ふだん見えなかったものが見えてきます。

だからこそ100％の仕事ではないにしても、仕事関係の飲み会にも絶対のルールがあると思います。

まず1つ目は、出席・欠席の返事を早くすること。

当たり前ですが、人数がわからなければお店を予約することができません。

「万が一があったらどうしよう」と責任者の方はヤキモキすることになります。

いきなり欠席で返したら失礼だからと気づかって、返事はなるべく遅く期限ギリギリなんていうのはよろしくありません。

あきらかに出席できない場合は、早く知らせてあげたほうがかえって親切です。

2つ目は、時間に遅れないこと。

時間に遅れる人は、なにかと理由をつけてかならず毎回遅れてきます。

遅れることが忙しそうでちょっとカッコイイようなつもりでいるのかもしれません。

飲み会だから遅れていいということはありません。

時間どおりにスタートできないと、集まった人みんなの時間を無駄にすることになります。

時間どおりに来た人が損してしまいます。

3つ目は、あいさつしている人の話をちゃんと聞くこと。

乾杯のあいさつなど、お酒が入っていないときは大丈夫なのですが、途中のスピーチなどは、酔っているせいかまわりが見えなくなって、自分の話をいつまでも止めないという人がよくいます。ちょっと残念ですね。

いくら盛り上がっていても、話している人を気づかったり、全体の進行を把握するなど配慮ある行動をしたいものです。

4つ目は、お酒に飲まれないこと。

飲み会の第一義的な目的は、その場で仕事の話をすることではありません。

日ごろの仕事を円滑にするために、お酒や食べ物の力を借りてコミュニケーションを深めるためです。

だからこそ酒の席での礼節は大事にしたいですね。

お酒を飲むと急にふだんと態度の変わる人がいます。

日ごろは控えめなのに横柄《おうへい》になったり、怒りっぽくなったり。お酒がそうさせているわけではなく、日ごろ抑え込んでいるものが出てきてしまうのだと思います。

せっかくつちかった信用や信頼もすべて崩れてしまいます。

そうなると、なんのための飲み会かわかりません。


お酒の席も仕事の延長線。

親しき仲にも礼儀あり、けじめの線引きを忘れないことです。

せっかく何時間もご一緒するのですから、お料理を楽しみながら有意義な時間にしたいですね。

15

ビジネスマンなら怒りもマネジメントしましょう。

近年、「アンガー・マネジメント」という言葉を耳にします。

アンガーとは、「怒り」や「いらだち」といった感情で、その感情に任せて爆発させるのではなく、上手にコントロールすることが問題の解決やコミュニケーションにつながるという考え方です。

パワハラなどが問題にされ、進退問題につながりかねない経営者や管理職にとっては、必要不可欠な能力になってきたと言えるかもしれません。

「短気は損気」と昔から言われるように、衝動的な怒りに任せて行動することほど危険なことはありません。

たとえば、必要以上に声を荒らげてしまったり、言葉の選択を間違えて人を傷つけてしまうようなことを言ってしまったりすることもあります。

また相手もあなたの言葉にカッとなり、罵声《ばせい》の応酬が続くか、相手を萎縮させ自信を失わせてしまうなど…。けっして得策ではありません。

なにより怖いのは、一度口にしたことは取り消すことができないということです。

あとから謝っても取り返しのつかないこともよくあるのではないでしょうか。

そんなことにならないよう、怒りをコントロールする必要があります。

アンガー・マネジメントでは、どんなに頭にきても、6秒だけ我慢することを第一に教えています。

なぜ6秒なのか？

それは、人間の怒りのピークは6秒以上続かないからだそうです。

理不尽なことや頭にくることを言われても、最低6秒だけはグッとこらえて我慢する。

そうすれば、感情が高まり、冷静さを失った頭も少しは冷えて、最低限の思考力で物事を考えられるようになるはずです。

本当に相手の言っていることが正しいのか？

ここは怒るべきところなのか？

怒ることで損をしないか？

そんなふうに考えられることが怒りをコントロールするということです。

管理職に限らず、怒りはある程度コントロールできないとビジネスマンとは言えません。

機嫌が悪いからといってささいなことで怒ったり、気をつかわれていたりするようではいけませんね。

なんでこんなことでこんなに怒るんだろうと思うときは、たいていストレスがたまっているか、直前になにか嫌なことがあった場合が多いものです。

そのことだけに怒っているわけではなく、怒りの累積で激怒しているわけです。

それは、怒られるときも同じです。

ですから怒りのコントロールはその場の6秒間だけではなく、日ごろからマネジメントする必要があります。

疲れている、イライラしている、そんな自分を客観的に理解してまわりと接することが大切です。

どうにもならないときは、むしろなるべく人と会わないほうがいいかもしれません。

怒りはぶつけられたほうにもストレスとして残り、怒りの連鎖となります。

まずは、自分がコントロールして負の連鎖を断ち切りましょう。

16

レベルが上がると見える世界が変わってきます。

「天才は天才を知る」と言います。

芸術でもスポーツでも天才にしかわからないレベルというものがあります。

一流の人は、一流の人間を見抜く力があるということです。

そこまでではないにしても、私たちの日々の仕事はそのレベルにならないと見えてこない世界があります。


わかりやすいところでは、まずは興味のあるなしということになるかもしれません。

日ごろから、服装に気をつかっている人ならば、まわりの人が新しい服を着ていればすぐに気がつきます。

女性の場合、ヘアスタイルにはとくに敏感です。

日ごろから、コーヒーが好きで飲みなれていれば、取引先で出されるコーヒーが、どの程度高級なものなのかがわかるといった具合です。

仕事で言うなら、場の空気を読んで交渉相手の気持ちをくみ取る能力、お客様のニーズやクレームを理解する能力、そういったところに顕著にあらわれてきます。

日ごろから、どれくらい自分の仕事に興味を持って、こだわって突き詰めているかが、見抜く力や気づきという形であらわれてくるわけです。

親になって、子どもを育ててはじめて親の気持ちがわかるように、その立場になってみないとわからないこともあります。

失敗も含めて、経験値が上がることによって人の気持ちもわかるようになります。

仕事の出来不出来も同じことです。

骨董《こっとう》品の目利きのように「いい仕事してますね」と言えるようになるには、自分自身も相当な仕事の経験やレベルが必要になってきます。


仕事などでお付き合いする人についても同じことです。

よい出逢いがない、よい人脈が広がらないという悩みがあるなら、それは自分がそのステージにまだ上がっていないだけかもしれません。

もしかしたら、見えていないだけかもしれません。

「類は友を呼ぶ」のことわざどおりに、自分自身が成長すれば、自然とまわりにも優れた人が集まるようになり、見えるようになってくるものなのですから。

武道でも芸術でも、道は極めれば極めるほど奥深く、それは仕事でもまったく同じです。

上達すればするほど課題も見つかり、上級者のすごさやよいところがわかるようになります。

未熟な人ほど不平不満や愚痴を言いがちです。

物事を俯瞰《ふかん》できれば、愚痴《ぐち》はあなたにとって成長するための課題に変わります。

まずは、自分を高みに置く努力をしてみませんか？

17

ライバルの存在は、最大のモチベーションです。

スポーツの世界では、どの時代にも比較されるライバルがいます。

同じ時代に生まれなければ、ナンバー1になれた選手もいたことでしょう。

一見残念で不運なことに思えますが、考え方を変えてみると、同じ時代に生まれなかったら、その選手はそこまで成長できなかったかもしれません。

スポーツに限らず、仕事の世界でもライバルの存在はとっても重要です。

あなたの会社や仕事で、いまライバルと呼べる存在がいますか?

「相手に勝ちたい、負けたくない」は人間の本能です。

ライバルと競うことは、モチベーションアップにはもってこいの方法だと思います。
ライバルとなる相手は、あなたにないものを持っている。
あなたと似ているけれどさらに上まわっている点がある。
そのどちらかです。
せっかくだから、ライバルにするなら自分より格上の相手にしましょう。
かなり上であっても、自分がこっそり思っているだけなら恥ずかしい思いはしません。

ねたむ、ひがむ、やっかむは最悪です。
マイナスの気持ちからはなにも生まれません。
相手を引きずり下ろしたところで、自分の能力はなにも変わりません。
そのマイナスパワーは、プラスのパワーに変えましょう。
相手の失敗を期待する弱い気持ちではなく、さらにその上を行く強い気持ちが大切ですから…。

ライバルは負かすものではなく、自分のために活かすものです。

サボりたい気持ちが芽生えたとき、くじけそうなとき、あきらめそうになったとき、そんなときには、ライバルの存在は絶大です。

人は誰しも弱いもの、自分１人で頑張れる人は本当に強い人です。

自分より上まわっているライバルと比較して、残念な気持ちになることもあるかもしれません。

しかし、何年かたって振り返ったとき、「彼がいたから」「あいつがいてくれたから」と思える相手がいることは幸せだったと思うことでしょう。

目的は、ライバルに勝つことではありません。

もっと上の存在はたくさんいます。

ライバルの存在を糧にして、より高みを目指してください。

18

出逢いの質は、人生の質。
人は出逢いによって成長します。

人生には、いろいろな場面で出逢いがあります。
人は出逢いによって発見があり、人は出逢いによって成長します。
これまで出逢ったたくさんの人から影響を受けていまの自分がある…。
私も人生の節目に、あの人がいたからいまの自分がある。
あの人に出逢ったからこそ、いまこうしていられるのです。
本当に出逢いに感謝しています。
人にとって最初の出逢いは母親、そして父親です。

人格形成にもっとも影響を与える存在でもあります。

親の言葉の1つが、一生の宝になったり、逆に傷になったり、親の生き方そのものが、子どもの将来の手本になったりします。

逆に悪いところほどまねしたりするものです。

社会人になると、上司はとても大きな存在です。

とくに、入社してはじめてついた上司は社会人としての親のようなもので、なにもわからない無垢《むく》な状態は、よいことも悪いこともスポンジのように吸収していきます。

最初の上司が、一生の働き方を左右する場合も少なくありません。

子どもは親を選べません。部下は上司を選べません。

親として、上司として、私たちは人をはぐくんでいるその責任をあらためて感じなければいけません。

出逢ってもその出逢いを活かせない場合もあります。

大切なことは、夢や志があるかどうかということです。

「将来こうなりたい」「もっと成長したい」、そんな気持ちが強ければ強いほど、よい出逢いは増え、その出逢いを活かすことができるはずです。

それは、若い人だけでなく歳を重ねても同じで、人はいくつになっても、出逢いによって成長できると思います。

たとえて言うなら、お鍋がおいしいのはダシがおいしいからです。

ダシは、魚、野菜、キノコ、昆布…、いろいろな食材が混ざり合うことによって深みのあるおいしさが出ます。

特別な調理をしなくてもおいしいのはそのためです。

人も同じです。

いろいろな人と出逢って、学んで、影響を受けてよいダシが混ざり合って、人間としてできあがっていくわけです。

だから、人とたくさん出逢っていくことが本当に大切だと思います。

人は、どうしても自分と似た人とばかり付き合いがちです。

自分と似ていて優れた人を手本とすることも大切ですが、自分とタイプの違う人と付き合い、影響を受けることも大切です。

少なくとも受け入れられるようになるだけで心の幅はグッと大きくなります。

今日誰かと新しい出逢いはありますか？

ちょっとだけいつもと違うことをしてみませんか？

新しい出逢いは、きっと人生を広く豊かにしてくれるはずなのですから…。

19

人ははじめて入った会社で一生の仕事観を学ぶ。

人ははじめて入った会社で、仕事観を覚えます。

教育担当者の熱意、上司の熱意がその後の新人の未来をつくると言っても過言ではありません。

だからこそ、いい先輩や上司に出逢った新人は幸せです。

繰り返しますが、子どもが親を選べないように、部下は上司を選べない。

人は環境に左右されます。

どんなに優れた才能を持っていても、環境が整っていなければ育ちません。

せっかく研修で大きな声であいさつすることを身につけても、配属先の上司や先輩があいさつを返してくれなかったら、3日もしないうちにあいさつの習慣は消えてしまいます。

スタートラインが同じでも差がつくのは、新入社員本人だけの問題ではありません。自分のところの新入社員を叱ったり責めたりする前に、その上司や先輩である自分を見直してみたほうがいいかもしれません。

反面教師という言葉もありますが、あまりお勧めできない例です。

ある程度会社や仕事をわかってきた人ならその意味がわかりますが、無垢《むく》の新人には、やはりいい環境を与えてスクスクと育ててあげたいものです。

「最近の若いものは…」と、つい言ってしまいますが、それはいつの時代も同じこと。古代エジプトの壁画にも、「最近の若いものは…」と書いてあるそうです。

だからこそ、「新人がなにを考えているのかわからない」とあきらめずに、わかってあげる努力をしてみましょう。

自分が新人だったころはどうだったでしょうか？

もうちょっとできたつもりでいても、あんがい先輩や上司から言わせるとそうでもなかったりして…。

いまは社会の仕組みがわかっていなくても、だんだんとわかってくることもたくさんあります。自分も通ってきた道です。

新人は確かに、1からいろいろと教えなければいけないので手がかかります。

しかし、新人を基礎から教育することによって一番成長するのはじつは教えている本人です。

あいさつ、整理整頓からはじまり、時間の使い方や仕事のノウハウ、これまで自分のやってきたことを見直すいい機会でもあります。

新入社員は、はじめて入った会社、はじめての部署で、一生の仕事観、ひいては人生観を学びます。

鉄は熱いうちに打てという言葉もあるように、名刀になるか、ナマクラ刀になるかはその部署の先輩にかかっています。

自分の子どもを育てるように、新人さんに接してあげてください。

3章

何もなければ何も生まれない

ワンランク上の仕事をするために

「さすが！」と言われる仕事のコツ

20

いくら数だけ増やしても、工夫がなければ成果は出ません。

「ヘタな鉄砲も数撃ちゃ当たる」という言葉があります。
仕事の世界で「足で稼ぐ」というのも同じ意味かもしれません。
確かに数多くセールスすることによって成約数を上げるのは営業の基本です。

お客様を訪問する前に、電話でアポイントをとることをテレアポと呼んでいます。
ある上司と部下Aさんの会話。
「今日は何件電話をかけたの？」と聞く上司に、「300件です！」と数の多さを自慢げに答える部下Aさんがいます。

「それで何件、アポがとれたの?」と聞くと、「3件です!」と、また悪びれず胸を張って答える。

このAさんは、電話をかけること=仕事と思っているのです。

電話をかける数の多さを目的にしているから、なんの疑問も持たず、なんの工夫もせずひたすら電話をかけてしまうのです。

小学生の勉強でいえば、「宿題で漢字練習をノートで何ページやった」と自慢しているようなものです。

宿題を出した先生の目的は違いますよね。

いくつ新しい漢字を覚えたかだと思います。

私もこのテレアポというのは最初のうちは苦手でした。

断られることのほうが圧倒的に多かったので、正直心も折れそうになりました。

だからこそ、どうやったらアポイントがとれる確率が上がるか自分なりに工夫してみました。

声のトーンを変えたり、話すスピードを変えたり、使う言葉も毎回変えてみました。

そういう工夫をしながら、自分なりに必勝パターンを磨いていったのです。

しだいに回を重ねるうちにおもしろいようにアポイントがとれるようになってきました。

だから、私から見るとなんの工夫もせずただ毎日電話をかけている部下Aさんは本当に不思議に思え、なにも指導しない上司は本当に無責任です。

新入社員や、まだ経験の浅い人ならば、「質より数」とヘタな鉄砲も大事な経験ですが、いつまでも当たらない弾を撃ち続けるわけにはいきません。

それは時間の制約があるからです。

数多く撃てるようになったら、今度は工夫を加えながら確率を上げていかないと、営業成績は行き詰まってしまいます。

他の仕事も同じです。

工夫を凝らして成功の確率を高めていく能力があるかどうか、これができる社員とできない社員の分かれ目になります。

いまのあなたの仕事は、やった数が目的になっていませんか？

または、やった時間が目的になっていませんか？

マンネリやルーティンに、工夫を凝らして仕事の質を上げてみてください。

21

ミスを減らすためには、減らす工夫をしましょう。

私が小学校の先生をしていたころ、忘れ物が多い、テストでケアレスミスが多い子どもがかならずクラスに1人、2人はいました。

同じように、会社にもミスが多い人はいるものです。その一方でミスの少ない人も…。ミスが多い少ないというのは、性格や能力というよりも脳の構造の違いによるものだそうですから、もしかしたら個性の1つのようなものかもしれません。

個性の1つだと仮定すると、ミスが多いからといって、その一面だけを見て「仕事ができない人」「さえない人」と決めつけてしまわないように注意しなければなりません。

ミスをしやすいということは、その反面で集中力が高いということです。

たとえば、電車に傘を置き忘れてしまうのは、傘以外のことに集中しているからと考えれば、好きなこと、気になることにはのめり込む力を持っているとも言えるのです。

そうはいっても、仕事においては、ミスが少ないにこしたことはありません。

ミスの多い少ないは、脳の構造の違いによるとしたら、脳の構造は変えられませんから、行動を見直してみるしか方法はありません。

自分のミスをあらためて見直してみると、かならず傾向があります。

これまでの自分のミスを思い返してみると、同じことを何度も繰り返していることに気がつきませんか？

それを書き出して、そのミスだけは繰り返さないようにするだけでも、かなり減らすことができます。

ミスをしやすい人は、ミスをなくそうと頭で気をつけるのではなく、ミスを減らすシステマチックな方法を考えましょう。行動に移してみましょう。

病気でたとえるなら、症状が出ないように薬で抑えてしまうことですね。

忘れ物が多ければ、持ち物の頭文字をとって合言葉をつくり、出がけに復唱する。

日付や時間のミスが多いならば、かならず2回は見返す。

メールの返信は後まわしにしないでその場で即返信する。

傾向さえつかめれば、自分のミスに対しての対処方法はかならずあるかと思います。

ミスをしやすい脳を根本から変えることはできませんが、鍛えたり、習慣を変えた

りすることはできます。

ミスをしやすい人の大半は、デスクが散らかっていたり、不要なものが多かったり、キャップやフタをきちんと閉めていなかったりするものです。

何事も中途半端にせず、できることからきっちりやるクセをつけ、習慣に変えてしまいましょう。

最後に…、大切なことですが、寝不足になって脳が疲れるとミスが増えます。

ミス撲滅《ぼくめつ》に寝不足は一番の大敵！

人は朝早く起きることはできても、早く寝ることはなかなかできない、しないそうです。

せめて30分だけ早く寝る、そんな工夫をしたいものです。

ミスを減らして仕事を前向きに全力でできれば、かならず成果はあらわれます。

22

できない理由を探す前にできる方法を考えましょう。

カラ族とカラコソ族。
どこか遠くの国の部族ではありませんよ。
私たちの身のまわりにいる人たちのことです。
ビジネスマンには、このカラ族とカラコソ族の2種類のタイプがいるのです。

「○○だからできない」と、できない理由を探すことは簡単です。
景気が悪いから売れない。

高いから売れない。

部下が悪いから。上司が悪いから。

から、から、から…、私はこの人たちを「カラ族」と呼んでいます。

口グセは思考のクセでもあります。

カラ族は、できる方法を考える前にできない理由を考えてしまうクセが身についているのです。

これは経験を積んだベテランや、頭のいい人によく見られる習性でもあります。

何事もやってみる前に、自分で勝手に思いをめぐらせ、できない理由を考えてしまうのです。

カラ族と正反対なのが、カラコソ族という人たちです。

「～だからできない」のではなく、「～だからこそなんとかできないか？」と別の方法を考える人たちのことです。

世の中で成功している人の多くは、「カラコソ族」なのではないでしょうか。
カラコソ族は、常に前向き族。
逆境にめげず、バネにして進化・成長していく民族です。
与えられた状況は、簡単に変えることはできません。
泣き言を言っていてもなにも変わりません。
変えられるのは、まず自分からです。
弱点は、反対から見れば強みにもなります。
発想を逆転させ、逆境や不利を逆手にとることができるかどうかです。

世の中にはどんなに不景気でも業績を伸ばしている会社があります。
同業他社が赤字でも、順調にいっている会社もあります。
これもカラコソ族のなせる業《わざ》です。
もし、あなたのまわりにカラ族が多ければ、それはチャンスです。

つまり、カラ族が多いカラコソ、「カラコソ族」の活躍するフィールドがあるわけです。

「〜だからできない」と、うっかり使いそうになったら、「〜だからこそなんとかしよう！」と言いかえてみてください。

言葉が変われば、かならず考え方も変わってきます。

やり方は1つではありません、いくらでもあるはずです。

今日から、カラコソ族。

チャレンジする気持ちがあれば、かならず道はひらけます！

23

マニュアルにおもてなしを加えると、仕事が楽しくなります。

「おもてなし」という言葉は、2020年のオリンピック・パラリンピックを東京へ招致するときに、滝川クリステルさんが使ったことで有名になりました。

歴史上の「おもてなし」の例と言えば、戦国武将の石田三成が、豊臣秀吉にやってみせた「三献の茶」のエピソードが有名です。

長浜城主になった豊臣秀吉が、ある日領内で鷹狩りをしていたときの出来事。

鷹狩りの帰り道、汗をかいた様子の秀吉に対して、石田三成が、1杯目は大きな茶わんにぬるいお茶をたっぷりと、2杯目は1杯目よりもやや小さめの茶わんに少し熱いお茶を出した。

3杯目は小さな茶わんに熱いお茶を入れて出したというものです。

喉が渇いているときに、いきなり熱いお茶からではやけどするからという配慮です。

そもそも、「おもてなし」とは、「もてなし」に丁寧語「お」をつけた言葉で、その語源は「モノを持って成し遂げる」という意味と「表裏なし」、つまり表裏のない「心」でお客様をお迎えすることが語源と言われています。

この「三献の茶」のなかで、石田三成がなぜそんなことができたのかと考えてみると、それは、相手がなにをしてほしいのか、どうしてほしいのかを想像することができたからだと思います。

つまりは相手の「こころ」に寄り添うことができたからにほかなりません。

自分の立場で考えるのではなく、相手の立場や目線で考えた結果です。

思いやりがあって、サービス精神が旺盛だからといって、それがおもてなしになるとは限りません。「私はこうしてあげたい」と自分の思いを遂げるだけであれば、それは「おもてなし」ではなくて、おそらく「押しつけ」になっていたでしょう。

相手のことを「思ってナシ」と言わざるをえません。


マニュアルどおりがダメだと言っているのではありません。

マニュアルは、対応する方法を知らない初心者に教えるために標準化してつくられたものですから、それを守ることはとても大切なことです。

けれども、余裕が出てきたらどの人にも同じようにするのではなく、「どうしたらその人に喜んで満足していただけるか」を常に考えてこそ、「おもてなし」です。

相手の「こころ」に寄り添い、必要としていることを察知して「もてなす」ということを忘れないでほしいのです。

「忙しいから」「仕事だから」と、ルーティンワークにしてしまうのではなく、ちょっと手を止めて、おもてなしの心を形にしていく…。

じつは、それこそが仕事を楽しくする方法だと思います。

24

お客様が買うのはモノではなく物語です。

同じ会社の同じ商品を売っていても、売れる営業と売れない営業がいます。

家や車といった形ある商品でもそうなのですから、保険やサービスといった形のない商品は、よりその差が開いてしまうかもしれません。

その差はいったいどこからくるのでしょうか？

お客様は、なにを決め手に商品を買っているのでしょうか？

売れない営業マンは、その商品の性能や特徴、そして金額ばかり説明します。

それに比べて、売れる営業マンはその商品がどうやって開発されたのか、これを使うことによって買った人や会社にどんなメリットがあるかを、具体的に想像できるように説明します。

つまり、商品そのものの物語と、買ったあとの物語を売っている。商品を通して得られる未来を見せているのです。


物語は値段を超越します。


生活上どうしても必要なものは値段にこだわりますが、ワクワクしてほしいものは、少々高くてもほしいものです。

その傾向は、金銭的に余裕がある人ほど強いように思います。

ふだん、スーパーで10円、20円の安さにこだわる女性が高い化粧品や洋服を買うのは、美しくなった自分を想像してワクワクしながらお金を払っているのです。

ディズニーランドがテーマパークとして確固たる地位を築いているのは物語があるからです。

乗り物もただのアトラクションではなく、物語のなかの一部だからワクワクするんです。


通販ショッピングがなぜ売れるのか？

その商品の特徴や性能を説明するだけでなく、どんな場面で、どのような使い方をすれば便利で楽しいか、こんないいことがあるんだといったことまで紹介するから売れるのです。

商品が見えないラジオショッピングでも売れているのは、そういった理由があるからなのです。

「お願いします」「どうかお付き合いください」といったお願い営業に頼っていては、得られる利益や売り上げは限られています。

やっぱり、お願いやお付き合いには限界があるのです。

お願い営業でとれるのは小口の契約だけです。

でも、物語を売る営業は違います。

夢や物語に値段はないからです。

だから少々高くても、お客様の心は動きます。

あなたの売っているものは安さだけで勝負していませんか？

お客様の心にちょっと花を添えることができれば、きっともっと売れるようになります。

25

数字は追いかければ追いかけるほど逃げていきます。

「売り上げを上げたければ、お金を追うな、仕事を追いかけろ」と言われます。

これは言いかえれば、「営業数字を追うな、お客様の満足度を追え」ということです。

「自分の都合を考えるな、お客様の都合を考えろ」ということになるかもしれません。

売り上げを達成するというのは、経営や営業においては当たり前のことです。

でも数字というのは、手段であり目標ではありません。

勝ち負けは人間の本能ですから、自分の会社や競合他社のなかで営業成績トップになるというのは、モチベーションアップの手段としては有効ですが、本当の目的ではないはずです。

あなたや会社がなによりもこだわっている数字の勝ち負けは、お客様にとってはまったく意味のないことです。

「当社は売り上げナンバーワンです」というのは宣伝文句としては立派ですが、お客様が求めているのは「それでは、私になにをしてくれるのですか？」ということです。

このように数字や順位のことばかり考えていると、ついつい、お客様をないがしろにしてしまうのです。

いつのまにか、売り上げ達成と勝ち負けだけが会社全体の目標になってしまって、一番大切なことを見失っている会社をたくさん見てきました。

どの企業も成果主義を導入したことによって、よりその傾向が強くなってきているようにも思えます。

セールスという仕事、もちろんサービス業も同じですが、「自社製品を買っていただき、お客様に満足していただいて、その対価としてお金を頂戴する」ことにほかならない、そこを絶対に忘れてはいけません。

顧客満足より、自分の売り上げの満足ばかり考えた営業スタイルでは、たとえ契約をとれたとしても、１回限りで終わってしまうかもしれません。

反対に、きちんと仕事を追っている人は、信用と信頼を得ることができます。

次、その次の仕事につながっていきます。

たとえその契約はとれなくても、ほかの仕事や仲間を紹介してもらえたりするなど、評判は広がっていくはずです。

営業マンにとって、売り上げは自分の存在証明。

能力と評価の絶対的な数字です。

だからこそ、数字や売り上げは、追いかけるものではなく、一生懸命仕事を追いかけた結果です。

その月、その年どれくらいお客様とよい関係が築けて、いい仕事ができたか、それをはかる指標です。

お客様から、「ありがとう、あなたと仕事ができてよかった」と言われる回数を増やせば、自然と売り上げは伸び、売り上げも達成されます。

「数字を追うな、仕事を追え」

いい仕事ができた喜びをあらためて実感してください。

26

なにを話したいかではなく、どうしたら伝わるかを考えましょう。

朝礼のあいさつ、乾杯のあいさつ、結婚式でのスピーチ…。

世の中には、たまに話が長いなあという方がいらっしゃいます。

2時間の時間制限のパーティーなのに冒頭の30分くらいお話しされている方。

乾杯のビールの泡が消えてもかまわずスピーチしている方。

お話しされる方は、たいてい役職の高い方やご年配の方が多いので、「話が長いですよ」とはなかなか言ってもらえないものです。

お話が長い理由は2つ。

まず、伝えたい思いが強すぎて、頑張りすぎて起承転結や話題の強弱がつけられず、ついつい一生懸命しゃべりすぎるケース。

もう1つは、人前で話していることに気持ちがよくなって、悦《えつ》に入ってしまっているケースです。

いわゆるカラオケでマイクを離さない人ですね。

本人は楽しいかもしれませんが、聞かされているまわりはたまったものではありません。


よほどのお話し上手でもない限り、集中して聞いてもらえるスピーチ時間というのは3分だそうです。

お話し上手でもせいぜい5分が限界です。

どんなにいいことを話していても、あきてしまって耳に入ってこない。

まずそれを理解し、強く強く意識しないといけません。
あいさつの話は短いにこしたことはないというのはそのとおりです。

自分があいさつやスピーチをする機会があったら、まずなにを話したいか、伝えたいかではなく、どうしたら伝わるかを考えましょう。

いいことを話そうとするのではなく、どう話すべきかを考えましょう。

せっかく思いを話したり、いい内容を話したりしても伝わらなければ意味がありません。

どうしても伝えたいことがあるなら、聞いてくれている人の身になって、つまり利他《りた》の心で話をしないと伝わりません。

なんのために話すか？
誰のために話すか？

形式的なあいさつのほうがいいのか？
いわゆるＴＰＯも考えないといけません。
長すぎる話は、その場がシラけることに加え、あなたの評価さえも下げてしまいます。
話は相手に伝わってこそ価値があるのです。

27

相手の意見に対して否定ではなく、肯定から入りましょう。

仕事をしていると、いろいろな場面で相手と意見が食い違うことがあります。

とくに会議や交渉の席では、なんとか自分の主張を通そう、有利な条件を引き出そうと一方的に言いたいことだけ言ってしまいがちです。

意見がぶつかり合っているだけでは、おたがいに一歩も引かないばかりか、感情的にもヒートアップして無用な衝突を引き起こしかねません。

そうなると、まとまる話もまとまらなくなります。

そんなビジネスの交渉を、有利に進める方法があります。

まずは受け入れる、相手を肯定する。

そのうえで、自分の意見を述べる。

まずはイエス、次にバット。

いわゆる「イエス・バット法」と呼ばれる交渉術です。

もしあなたが反対意見を持っていたとしても、相手に対して「そうはいっても」「それは違う」「いやいや、そうではなくて」といきなり言うのではなく、まずは「なるほど」「おっしゃる意味はよくわかります」「お気持ちは理解できます」といったように相づちを入れてみてください。

相手の意見を肯定することで、自分が認められたという話し合いの土台ができあがります。

ケンカしたいのではないことを理解してもらって、そのうえで、「こういう案はいかがでしょうか?」「このような考え方もあります」と自分の意見を伝えれば、少なくとも耳は傾けてくれます。

口論の理由の半分以上は、正しいか正しくないかではなく、相手に負けたくない、自分が折れたくないというプライド的なものです。

先に相手を認めることができれば、逆に感情面で有利に話を進めることができます。

このイエス・バット法は、難しい交渉の場面だけに役立つ方法ではありません。日常、すべての人間関係において効果を発揮する特効薬です。

たとえば、上司に注意されたとき、部下から相談されたとき、奥様や子どもとの会話もすべてそうです。

たとえ反対の意見を持っていたとしても、いきなり否定してしまうのではなく、まずは共感、または理解した態度を見せ、そのあとにやんわりと諭《さと》すと相手は受け入れやすくなります。

たとえ受け入れられなくても、あなたに対して悪い感情を持ちません。

柔よく剛を制す。

人間は感情の動物です。

利他《りた》の心を持って接すれば、きっとおたがいのためによい結果がもたらされると思います。

28

おたがい感情的にならず交渉を進めましょう。

同じことをお願いするにしても、言い方1つでYESになるかNOになるか分かれる場合があります。

微妙な交渉では、とくにそうです。

たとえば、お客様と商談する場合、サービス業でクレーム対応する場合、会社内で上司や部下、年上の人にお願いをする場合など…。

そう考えてみると、たいていの仕事は人とのかかわりがありますから、話の仕方、交渉術というのは本当に大切です。

人間は感情の動物ですから理屈ではわかっていても、感情が邪魔をしてNOと言ってしまうことはよくあります。

そんなときは、フレームをつくってから話をするという方法がおススメです。

年上の部下に注意を与える場合、

「立場上お話しさせていただきますが、ご勘弁いただけますか？」

「耳の痛いお話ですが、ご相談にのっていただけますか？」

部下が上司に具申《ぐしん》する場合も同様です。

「お時間ちょっとよろしいですか？」

「あまりいいお話ではないのですが、聞いていただけますか？」

といったようにです。

このように質問話法で断られない小さなYESを重ねて、フレームをつくっておくということです。

あらかじめクッションを渡しておくと考えてもいいかもしれません。

相手も、「はい」と言ってしまった以上、必要以上に怒ることもできません。感情的になれないというわけですね。

それはフレームをつくる自分も同じことで、冷静な状態で交渉を進められます。

グローブを持たない相手にいきなりボールを投げ込んだらビックリして怒り出します。

まずは、グローブを渡して、その後、最初はゆっくりしたボールを投げますよと予告してキャッチボールをおこなうイメージです。

同様にフレームのない、つまりボクシングやプロレスで言うならロープのないリングではなにが起こるかわかりません。

おたがいに想定内で話をするために、質問話法で小さなＹＥＳをもらっておくこと

はとっても大切です。

熱意と感情は違います。

交渉に熱意は必要ですが、感情的になったら負けです。

もっと言うなら、勝った負けたではなく、おたがいが気持ちよく納得して仕事ができるよう上手に交渉をおこなってください。

学んだことは、惜しまずまわりに伝えましょう。

29

人は忘れる動物です。

あんなに悲しかったこと、つらかったことでも時間とともに忘れてしまいます。

毎日、仕事をして学んでいるはずなのに、なぜか成長しないというのは、学んだことを忘れているからです。

講演会や本で、せっかくよいことを学んだり教えてもらったりしているにもかかわらず、なにも変わっていないということがありませんか？

どうしたら忘れずに毎日の仕事や生活に活かせるか？

そのためのとっておきの方法があります。

まずは学んだことをアウトプットするのが一番よい方法です。

アウトプットというのは、誰かに話すとか教えるという意味です。

私の友人に、勉強会や仕事で学んだことを惜しまずシェアしてくれる人がいます。

詳しく具体的、しかも無償で教えてくれて、いいのかと思ってしまいますが、じつはそれが一番得なんだそうです。

なぜでしょう？

そうです、人は忘れる動物だからです。

人から聞いたいい話も、48時間以内に誰かに伝えないとほとんど記憶に残らないそうです。

ある心理学者の分析では、話を耳で聞いただけでは習得率はわずか20％、それを人に教えることによってなんと95％まではね上がるそうです。

ギブ&テイクではなく、ギブ・ギブ・ギブ。

分け与え、シェアすることで教えた人が一番豊かになる。

惜しまず、教えれば教えるほどその人が伸びるということです。

私も営業時代、お客様から教えていただいたいい話や経験を次の訪問先でさっそく話していました。

そのアウトプットの回数が増えれば増えるほどお客様との話は深まっていきました。

いい話を、繰り返し伝えることによってトークの組み立ても、ストーリーも考えるようになっていました。

勉強もそうですが、人に正しく伝えられるようになってこそ、中身が理解できたということ。

口に出してきちんと伝えることは、自分自身に染み込ませるということでもあります。

口に出して記憶する、それから機会を見つけて積極的にアウトプットする。

そうやってひとつひとつ、自分の仕事の筋肉として身につけていく。

成長の近道は、その繰り返ししかないと思います。

いいことや学んだことは、どんどん口に出してまわりに教えてあげましょう。

そうやって毎日を過ごせば、1年後には別人のように進化した自分に出逢えると思いますよ。

春の来ない冬はない 明けない夜はない

4章

仕事でなかなか結果が出なくて悩んでいるときに

成功をつかむための第一歩

30

チャンスの神様は、ピンチのような顔をしてあらわれます。

インターネット上で話題になった話です。

関西のある漫才師のライブ中に、ステージ近くのお客様の赤ちゃんが大声で泣きはじめました。

お母さんが、席を立って会場の外に出ようとしたところ、漫才師は「こんないい席なんだから出て行ったらもったいない」ということで家族全員をステージへ上げ、赤ちゃんをあやしながら笑いをとったそうです。

この対応で、会場はとても温かい空気になり、その後のステージはさらに盛り上がったそうです。

反対に、漫才の会場に小さい子どもを連れてきてほしくないと言う漫才師もいて、そういうことを言うと、心が狭いとたたかれてしまったりするのですが、それはそれで気持ちはよくわかります。

せっかく、入念に仕込んできたネタを最高の環境で見てもらいたいと言うのはプロとして当然のことです。

アドリブがきく芸風かどうかもありますから、いちがいにこの対応がいいか悪いかを言うつもりはありません。


ただ仕事で考えてみると、すべてが思いどおりにいくわけではありません。

むしろ、思いどおりにならないことのほうが多いはずです。

そうしたピンチや不遇を逆風としてとらえるか、追い風に変えるかは考え方しだい。

たとえば人事異動や病欠で人手が足りなくなったとき、それ自体は大変なことですが、これまでの仕事の分担ややり方を見直すチャンスでもあるのです。

ほかにも無駄を省き効率化することによって社内が活性化し、売り上げやサービスが向上する例はよく見られます。

お客様とのトラブルやクレームも、一見すると大ピンチですが、クレームの裏にビジネスチャンスが隠れているのは、みなさんご存じのとおりです。

トラブルやクレームにしっかり対応することで、逆に信頼関係が築けるというメリットもあります。

不景気という一番のピンチは、ライバル会社に差をつけるチャンスでもあります。

進化論同様、そのつど環境の変化に対応できる人や企業が強くなります。

ピンチをたとえチャンスと思えなくても、立ち向かえるかどうか、その姿勢が大切です。

チャンスの神様は、ときに疫病神《やくびょうがみ》のようにピンチの顔をしてあらわれます。

「こうでなくてはならない」という凝り固まった考えを持っているとチャンスの神様に気づくことができません。

「こうでなくてはならない」ではなく、「こういう考え方もあるね」という柔軟な発想を常に身につけていたいものです。

31
頑張っている人だけに舞い降りる幸運を手に入れましょう。

「セレンディピティ」という言葉をご存じですか？

セレンディピティとは、思わぬものを偶然に発見し、上手に活かすことという意味です。

もう少し詳しく言うと、確率論的に誰にでもよいことが起こるのがラッキーであるならば、頑張っている人だけに舞い降りる幸運がセレンディピティです。

かならずしも、望んでいたとおりの結果ではないのですが、同じかそれ以上のいいことをつかみ取ることや能力でもあります。

具体的な例としては、貼ってはがせる付箋《ふせん》ポストイットが有名です。もともとは、強力な接着剤を開発しようとしていたところ、失敗して非常に粘着力の弱いものができてしまった。

しかし、それを付箋にしたところ爆発的にヒットしたというものです。

ノーベル賞を創設した、アルフレッド・ノーベルをはじめ、ノーベル賞を受賞した多くの学者が、このセレンディピティを経験していると言われています。

でも、これはノーベル賞のような、大それた話ばかりではありません。

セレンディピティの事例は、実際私たちの身近な仕事や生活のなかで数多く起きています。

そのもととなることは日ごろの仕事のなかで、いっぱい転がっているのですが、それに気がつかないだけなのです。

気がついていたとしてもそれを活かそうという考えがなく、単なる失敗としてしか認識していない場合がほとんどです。

お客様のクレームを、クレームととるか新企画のアイデアととるか？

自社の製品の短所を、逆にセールスポイントにできないか？

なに気ない日常の会話や行動にもたくさん隠れているかもしれません。

せっかく与えられた偶然の幸運を活かすには、のんべんだらりと毎日を過ごしていてはそれはかないません。

日ごろから、目標に向けて精いっぱい努力しているから、その活かし方が思いつくのです。

研ぎ澄まされた集中力と、なんとかしたいという強い願望があるからこそ、パッと頭にひらめくのです。

天から幸運の神様が舞い降りる瞬間ですね。

幸運のタネは、タンポポの綿毛のように等しく、どこにでも舞い降りています。

しかし、芽を出すかどうかはその場所が適しているかどうか、つまり受け取った私たちがそれを活かすことができる人間かどうかにかかっています。

自分はなにをしたいのか、どうなりたいのかを明確にして、頑張っている人にセレンディピティは起こります。

たとえ失敗しても、腐らず落ち込まず、前向きに毎日を送りましょう。

32

ちょっとだけ背伸びをしているときが一番楽しいときです。

私たちは、仕事をしていて、どのようなときに楽しさを感じるのでしょうか？

ハンガリー出身でアメリカの心理学者M・チクセントミハイ教授は『フロー体験喜びの現象学』（世界思想社）のなかで、世界の数千人からのアンケートでそれを解き明かしています。

人間がもっとも楽しいと感じる瞬間は、「自分の能力に見合った、ちょうどよい難易度のことにチャレンジしているとき」なのだそうです。

「不安と退屈の境目」とも言っています。

たとえば、初心者の人がピアノを習いはじめるとします。

いきなり、難しい楽譜を見せられて、毎日それを練習させられたらどうなるでしょうか？

上達しない自分、先生のイライラなどが重なり、楽しいと感じる前にたいていの人はめげて途中で投げ出してしまうことでしょう。

まずは、簡単な曲を1曲ずつ弾けるようになって、はじめて楽しさやうれしさを感じられ、もっとうまくなりたいという欲が出てくる。

テレビゲームでも、いきなり難易度の高いステージからやっても楽しくありません。

楽しいと思えるのは、自分の実力に見合ったレベル、ちょっとだけ難しいレベルに挑戦しているときです。

逆に、すでにクリアしてしまった簡単なレベルをやっても楽しくありません。

この法則で日々の仕事を考えてみると、やはり楽しいと思えるのは現在の自分の実力よりもちょっとだけ難易度の高い仕事をしているときだと言えます。

反対に毎日同じこと、つまりルーティンの仕事ばかりやっていると仕事がつまらなくなる。

楽ではありますが、けっして楽しくはない。

仕事は楽をすると楽しくなくなるということです。

私は、楽な仕事をしていて、仕事が楽しいという人を見たことがありません。

だから、新人や若い社員には実力に見合ったというか、ちょっとだけ背伸びをするような仕事を与えてあげましょう。

何年も同じ部署や同じ仕事をしている社員には、人事異動したり新しい仕事をさせてあげましょう。

同時に、自分もちょっとだけ難しいことにチャレンジしましょう。

ふだんやらない机の片づけをするとか、ちょっと苦手な人と話をするとか、ささやかなことでかまいません。

仕事も料理のスパイスと同じでほどよい刺激が必要です。
仕事を楽しむとは、楽をせずちょっとだけ挑戦すること。
これに尽きると思います。

33 悩み苦しむのは成長している証拠

成長痛という言葉をご存じでしょうか？

中学・高校の成長期、急激な身長の伸びに筋肉や骨がついていけず、激しい運動をしたとき、かかとやふくらはぎに痛みが出るというものです。

成人してビジネスマンになってからも似たような症状が起きます。

それは体の痛みではなく、心や気持ちの部分での痛みですが…。

仕事において急激に成長している人は、まわりの人との摩擦《まさつ》、よい意味でのトラブル、自分への歯がゆさなどを感じるものです。
たとえば若手社員であれば、やる気にあふれ、やりたいことはたくさんあるのに社内のポジション、経験不足や人脈不足からなかなかうまいこといかない。

中堅社員であれば、責任ある仕事やプロジェクトを任され、プレッシャーでつぶれそうになる。

管理職であれば、思うように部下が働いてくれない。

年配の社員がやる気がない、上司の融通がきかない…、いくらでもありますね。

ビジネスマンの成長痛は、前向きな悩みということです。

悩んでいるということは、成長の途中にあるということです。

悩むのはつらいものですが、とても幸せな状況にいると考えられないでしょうか？

仕事に一生懸命取り組んでいる人だけが感じられる悩みです。

いい加減にやっている人は悩まず、成長もありません。

やがて、人は成長痛を感じなくなります。

その痛みを克服した、自分が成長したと錯覚してしまうときがきます。

じつは、克服したわけではないのです。

成長が止まったから感じなくなってしまったのです。

もっと言えば、痛かったことすら、忘れてしまっていたりします。

かつて感じていた悩みや痛みを忘れてしまって、今度は自分がまわりや相手に痛みを与えていないでしょうか？

成長期に徐々に身長が止まるように成長痛もゆっくりと消えていきます。

だから、気がつかないうちに悩まなくなってしまうのが怖いところです。

痛みを消すように、自らのやる気を消しているのかもしれません。


いま、自分の仕事や職場は居心地がいいでしょうか？

もし、ＹＥＳであればとってもすばらしいことですが、同時にとっても危険な状態でもあります。
一生懸命やっている人に悩みはつきものだからです。
成長痛は将来のための肥やしです。
成長している限りどこまでいってもなくなりません。
それを感じるのは喜びと思って、ほどよくうまく付き合ってください。

34

先の幸せや不幸は簡単には予想できません。

「人間万事塞翁《ばんじさいおう》が馬」という言葉があります。

これは先の幸せや不幸は予測できず、幸せが不幸に、不幸が幸せにいつ転じるかわからないというたとえです。

振り返ると、私の人生はまさにこの言葉のとおりと言えるかもしれません。

私の社会人のスタートは、小学校の先生。

子どもたちと過ごすのは毎日楽しく、まさに私にとって天職だと思いました。

けれど結婚を機にその仕事を辞め、普通に専業主婦として過ごすはずが、わけあって大きな借金をつくり、その返済のために飛び込んだのが営業の世界。

営業がやりたいとか、向いていると思ってはじめたわけではありません。

ほかに採用してくれる会社がなかった、だからやるしかなかった、ただそれだけの理由でした。

普通に考えれば運が悪いことかもしれませんが、そんなことを考えているヒマはなく、とにかくがむしゃらに働くしかなかったのです。

でも、このときの経験があるからいまがあります。


いま思えば、人間万事塞翁が馬、すべてがつながっているんです。

そのときは、暗闇《くらやみ》のなかをさまよい、もがき苦しんで出口を探していましたが、毎日一生懸命生きていたからこそ、すばらしい出逢いや経験ができたのだと思います。

この必死だった時代が、いまでは財産です。

本当にかけがえのない宝になっています。

人生に無駄はありません。あるとすれば、なにもしないことです。**つらいことも苦しいことも、すべては将来のための肥やしです。**

一見、運の悪いことも、あとから考えれば、「あのときあれがあったからいまがある」といい思い出に変わります。

感謝の気持ちすら湧いてきます。

ジャンプをするときには、直前にしゃがみます。

深くしゃがめばしゃがむほど、大きく跳べるんです。

いま負けているように見えても、夢と目標がはっきりとしていれば逆転のときはかならずやってきます。

もし、いま仕事などで大変なときを過ごしているのなら、どうか腐らずに踏ん張ってください。

逆に、もしいまうまくいっているのなら、おごらず天狗《てんぐ》にならず、感謝の気持ちを持ってさらに頑張ってください。

自分のまわりに、常に「おかげさま」の気持ちを忘れずに接することができれば、きっといまのよいことは続いていくと思います。

「人間万事塞翁が馬」、そして「何事も経験」。

一喜一憂せずに毎日の仕事に取り組んでみませんか？

35

頑張りすぎているときは、ちょっと立ち止まってみましょう。

人事異動で新しい部署へ行ったときや管理職になったばかりのとき、大きなプロジェクトのリーダーになったときなど、大きな責任を背負ったときは誰でも気合が入るものです。

こういった機会でなくても、ふだんから責任感の強い人や、やる気のみなぎった人は、まわりの仲間よりも一生懸命仕事をしています。

そういった人は自分がこれだけやっているのに、なぜまわりはついてきてくれないのだろうと怒りすら覚えます。

仕事能力の高い人であれば、部下や同僚をバカにしてしまったり、見くびってしまったりもしてしまう。

一生懸命やることは、とっても大切ですが、ときとしてその頑張りが仲間や部下を傷つけ、逆にまわりのやる気をなくさせていることさえあるのです。

仕事を頑張るのはとてもよいことです。

頑張る人はその正論をタテに、または錦の御旗《みはた》にしてまわりを攻撃してしまいがちです。

正論であるがために、誰も言い返すことはできません。

一生懸命であればあるほどその傾向は強まります。

自分は頑張っている、正しいことを言っているんだから、なにを言ってもかまわないという錯覚に陥ってしまいがちなのです。

パワハラのなかには、かなりの割合で、その誤った正義感が危険な刃物となっているケースが見られると言われています。

正論を振りかざして相手をやり込めても、やられたほうは本当の意味では納得できないものです。


人よりも早く出世したり、大きなプロジェクトを任される人は、ふだんからまわりの人よりも仕事に対してやる気のある人です。

人よりもやる気と能力があるから、そのポジションにいるわけです。

自分がそうだからといって、まわりに同じやる気の尺度を当てはめてもみんなが同じレベルであるはずがありません。

それを、「どうして…」と嘆いてばかりいてもしかたないことです。

自分と未来は変えることができても、他人と過去は変えることができません。

人は感情の動物です。

頭でわかっていても、心がともなわなくては行動できません。

頑張りすぎているときは、ちょっと立ち止まって自分とまわりを振り返ってみましょう。

正論よりも気づかいのほうがまわりを動かす力があるかもしれません。

5章

「はい」「ありがとうございます」は人から愛される言葉

まわりから応援される人になるために

あなたと一緒に働きたいと思われるヒント

36

笑顔とありがとうは、人間関係の潤滑油

仕事をやり終えたときに、おたがいに「ありがとう」が言い合え、「あなたと一緒に仕事ができてよかった、うれしい」と言っていただけること。

これが仕事の最大の報酬だと思います。

「ありがとう」という言葉は、本当にありがたい言葉です。

減りもしなければ、損をすることもありません。

ぜひ、口グセにしたい言葉です。

しかし、頭ではそうわかっていても、じつは「ありがとう」を言えない人はけっこ

う多いのです。

どの仕事でも自分1人でやっている仕事はほとんどありません。
当たり前、と思うことであっても当たり前ではありません。
まずは「ありがたい」と思うことからはじめましょう。
たとえば、同僚のいつもの気配りにあらためて「ありがとう」。
奥さんのつくってくれる朝食に「ありがとう」。
オフィスを掃除してくれる業者の方に、「いつもキレイにしてくれてありがとう」。
そうやって振り返ってみれば、ありがとうと言える場面はいくらでもあります。

「ありがとう」をたくさん口にすることは、自分自身が常に謙虚な気持ちで他人に感謝するということ以上にいい効果があります。
それは、「ありがとう」を言われた人をうれしくさせることに加えて、「ありがとう」

を言ってくれたあなたのことを好きになってくれるということです。

もし取引先のお客様から「ありがとう」と言われたらどうですか？

自分の仕事が、お客様に喜んでいただいていると感じることができるはずです。

そのときやりがいが生まれ、そのお客様のためにもっとなにかして差し上げたいと思うことでしょう。

あなたから、「ありがとう」を言われた人も同じことを感じるはずです。

そのひと言で、ほっとしたり、救われたりすることが、きっとたくさんあると思います。

だからあなたも、「ありがとう」をどんどんと口にするべきです。

心で思っていても、口に出さなければ伝わりません。

そして「ありがとう」はつながっていきます。

その最初のきっかけは、今日あなたが「ありがとう」を口に出すことからはじまります。

「ありがとう」は意識して言い続ければ口グセになります。

感謝の言葉が口グセになったとき、人から愛され、信頼される人になることができるのです。

笑顔で「ありがとう」を伝えましょう。

37

お礼は二度言いましょう。

人はどのようなときにうれしいと思うのでしょう。

勝負に勝ったとき、目標を達成したとき、そういったアドレナリンの出る喜びもありますが、もうひとつ、自分のしたことで人に喜んでもらったときにもおだやかな喜びを感じるのではないでしょうか。

たとえばお年寄りに席を譲ったり、好きな人に贈り物をしたりと、一見、損なことをしているのに、なぜか本人は幸せを感じている。そんな喜びの感じ方です。

勝負のうれしさは、勝ったほうだけですが、親切な行為やボランティアなどの心づかいは、しているほうもされたほうもうれしいものです。

仕事でも同じなのではないでしょうか。

上司や部下と、どうしたら気持ちよく付き合っていけるか。

お客様の笑顔を見たい。笑顔にするにはどうしたらいいのか。

そう考えれば、相手が喜ぶことをとことん考えられるはずです。

つまりは、他人のことをよくしてあげようという優しさや思いやりをベースに考えるのです。

そして、喜び上手の人は、喜ばせ上手だと思います。

自分が喜ぶことが、相手にとって一番うれしいことを知っているからです。

喜ばせがいのある「張り合いのある」人になりたいものです。

そのためにも、お礼は、二度言いましょう。

たとえば、食べ物をいただいたら、いただいたときにまず「頂戴します。ありがとうございます！」と笑顔いっぱいにお礼。

後日、食べてから「おいしかったです。本当にありがとうございます」と感想に感謝の気持ちを添えて。

食事をごちそうになったときも同じです。

仕事で助けてもらったり、よくしていただいたりしたときも同じです。

その場でお礼を言うのはもちろん、メールや手紙であらためて感謝すれば、「またなにかしてあげたいな」と思うものなのですから。

常に相手の喜ぶことを考えて、してあげる。

自分がしてもらったら、心から喜ぶ、大げさなくらい喜ぶ。

それが、社内・社外問わず、相手に対する思いやりであり、仕事のマナーだと思います。

自分1人でバリバリと仕事をしているように思ったら大間違いです。

自分にできることは限られているし、まわりのサポートがあって成り立つのが仕事なのです。

仕事ができる人は、まわりから愛される人です。

愛される人材、その条件の1つは、礼儀・礼節がきちんとしていることです。

それはつまり、人を喜ばせることができることだと思います。

今日から、人によくしていただいたときはもちろん、当たり前のことにも感謝の気持ちを込めて、恥ずかしがらずに喜んでみてください。

38

名前を声に出して覚えれば、相手との距離が縮まります。

名前を覚えられるというのは、大切な存在として自分が認められているということであり、誰でもうれしいことです。

とくに営業やサービス業に携わる人にとって、取引先の人の名前を覚えるというのは必要不可欠な仕事と言えるかもしれません。

自己啓発本としてもっとも有名で、全世界で累計1500万部のベストセラーを誇るデール・カーネギーの著書『人を動かす』(創元社)のなかにも、人に好かれる習慣として「相手の名前を覚える」「相手の名前を口にする」という2つのことがもっとも重要なこととして紹介されています。

「人間は、他人の名前はたいして気にとめないが、自分の名前には大きな関心を持っているから」とカーネギーは述べています。

自分より年上の人や、立場が上の人に名前を覚えていただくと、それだけで、その人に好意を持った経験はないでしょうか？

逆に、上司と同行している部下の名前は忘れてしまいがちですが、若くてまだ立場の低い人ほど名前を覚えられると意気に感じるものです。

しかしながら、人の名前を覚えるのは容易なことではありません。

そこで、習慣にしたい会話の方法をご紹介します。

まず初対面では、名刺交換の際かならず「○○さん、お世話になります」と相手の名前を呼ぶ。

会話の途中では「○○さんはいかがですか」といったように呼びかけの意味合いも込めて名前を呼ぶ。

そして別れ際にももうひと言。

「○○さん、今日はありがとうございました」といったようにです。

わざとらしくない程度に相手の名前を呼ぶことによって、自分の記憶にとどめやすくなります。

このように会話のなかで名前を呼ぶことによって、もうひとつよい効果がもたらされます。

それは、自分の名前を呼んでくれる人に好意を持つということが心理学的にも認められているからです。

相手との距離は、なるべく早く近くなったほうが仕事もスムーズに運びます。

名前を呼んで、名前を覚える。
ぜひ活用してください。

39

相手を大事に思う気持ちはかならず伝わる。

当たり前のことですが、誰しも自分に好意を持ってくれる人は嫌いになりません。

だからこそ、相手に好かれるための一番手っ取り早い方法はあなた自らが、その人をまず好きになることです。

恋愛も一緒です。

あまり好みのタイプでなかったり、さほど気にしていなかったりする人でも、自分のことを好きだと言ってくれるといつしかその人を好きになっていることはよくあることではないでしょうか。

嫌いな気持ちや、苦手な気持ちは、なぜか相手に伝わります。

逆に、好意があるとやっぱりそれも伝わりますね。


直接好きだとは、なかなか言えないものです。いきなり好きだと言っても引かれてしまいます。そういう場合は、積極的にほめてみましょう。

ほめるというのは、「あなたに好意があります」と伝えることと同じです。

仕事ぶりはもちろんのこと、シャツでも、ネクタイでもなんでもかまいません。

ちょっとくらいわざとらしくても、ほめられれば悪い気はしません。

ほめないまでも、気にかけて、変化に気づいて声をかけることも大切です。

好意を持って見ていれば、その人のささいな変化や興味の対象がわかるものです。

相手を思えば思うほど、その人のつらさやうれしさがわかってきます。

「なぜ私は人に好かれないのだろう」と思う人は、自分がまわりの人を好きになっていないのかもしれません。

いつしか自分中心になっていて、他人よりまず自分を好きになってもらおうと考えてばかりではないでしょうか？

会社の同僚、取引先との人間関係、すべて同じです。

営業においては、おたがいの「好意」が土台にないと、信用や信頼は築けるはずがありません。

部下に好かれようと思うなら、部下を好きになって真剣に向き合うこと。

大事にするというのは、甘やかすという意味ではありません。

上司に好かれるためには、上司の立場になって考え、行動することです。

人間関係は、どちらかが歩み寄らなければ距離は縮まりません。

相手に期待しているだけでは、なにも変わりません。

まずは、自分から一歩近づいてみることです。

人は自分を大事にしてくれる人を好きになります。
さりげなく、ときには積極的に身のまわりの人に好意を持って接してください。

40

人は誰でも自分を理解してくれる人を好きになります。

人を動かすには強制よりも共感を得ることが大事です。

強制的に上から押さえつけたり、ぶつかり合ったりする関係よりも、たがいに共感し合える仲間意識を持った間柄のほうが、素直に言うことも聞けるというものです。

話題になったDJポリスがわかりやすい例です。

サッカーの国際試合のあと、渋谷の交差点で盛り上がり、交通法規を守らない若者に対し、「信号を守りなさい！」「道路で騒ぐのを止めなさい！」といった強制的な注意ではなく、「サポーターは12人目の選手です、みんなでルールを守って勝利を祝いましょう！」「怖い顔したお巡りさんだってみんなと一緒に祝いたい、本当は注意なんかしたくないんです」など、ユーモアをまじえて共感と仲間意識を持ったアナウンスが若者の心をつかみ、うれしさのあまりちょっとハメを外してしまう集団心理に対して見事に共感力を発揮しました。

高圧的に出れば反感をかいます。

かといって下手に出るのも変なものです。

共感することとは、上下関係ではなく相手とイーブンな関係で仲間意識を持つということです。

誰だって仲間に対しては反発しません。

意見が衝突するときや交渉の場面でも、まずは相手の言い分や事情をきちんと聞いたあとで、

「なるほど事情はよくわかりました。そのうえでこのようにするのはどうでしょう

か?」

「おたがいつらい立場ですね、なんとか妥協点を探りましょう」

と付け加えるだけで感情的な反発はだいぶやわらぎます。


共感することについてはちょっとだけ注意すべきことがあります。

それは、安易に共感したフリをしないことです。

とくに、悲しいことやつらいこと、自分に経験のないことは、その気持ちを理解できるはずがありません。

わからないことは、わかるフリをするのではなく、理解しようとする姿勢を見せるだけで十分、それだけで共感したのと同じことになるからです。


人は自分を理解してくれる人を好きになります。

好きな人の言葉は素直に聞き入れることができます。

さらには好きな人には、自ら進んでなにかをしてあげたくなるものです。

自分の言いたいことは、ちょっと置いておいて相手を理解する、共感する努力をしてみませんか？

強制力よりも共感力。

いろいろな場面でコミュニケーションがスムーズになると思います。

41

自分より立場の弱い人にも気づかいをしましょう。

会社で、もっとも嫌われたり、かっこ悪いと言われてしまう人は、相手によって態度を変えてしまう人です。

部下には偉そうにしているのに、自分より上役にはペコペコ、ゴマすり。

ほかにも男性と女性とで態度を変えたり、立場の弱い取引先（人）には強い口調になったりと、みなさんのまわりにもけっこうこのような方がいるのではないでしょうか？

自分の上司がそうだったりすると本当にがっかりします。

なんとなく、器の小ささが見え、裏表があるように思えて、その人についていくことに疑問が生じてしまいます。

ある人からうかがったエピソードです。

その方の会社の社長は女性で、とてもお花がお好きでした。

応接室にはお花を生ける高価な花瓶があり、お気に入りの品だったそうです。

ある日、水を入れ替えるために社員が花瓶を動かそうとしたとき、誤って落として割ってしまったそうです。

ガシャーン！

高価な花瓶は粉々に割れ、破片や水もあたりに飛び散りました。

普通なら、ここで「なにやってるの！」とまず言ってしまいそうなところですが、その社長の第一声は「大丈夫？　ケガはない？」。

それから「まず、自分の洋服をふいて、それから片づけましょう」とおっしゃったそうです。

高価で大切な花瓶ですから、ついとっさに割ったことを責めてしまいそうですが、心から部下を心配して気づかった社長さんは本当に部下思いの人です。

この出来事で、花瓶を割った部下も、まわりの社員もあらためて社長の懐の深さを知ったそうです。

割ったのが目上の人であれば、このような気づかいもできるかもしれません。

でも、自分より立場が弱い人や自分の子どもに対しても同じ気づかいができるでしょうか？

本当に器の大きい人は、威張ったり、人によって態度を変えたりしません。

自分の信念にもとづいて行動しているので変える必要がないのです。

相手のことを思って、誰に対しても同じ態度で接する。

立場が上の人には自然とできますが、自分よりも立場が下の人には努力が必要です。

これまで自分が気づかいをしてこなかった同僚や取引先に、ちょっとだけ思いやりの心を持ってみませんか？

42

自分のことより、他人のことをまず考えてみませんか。

昔教えていただいた言葉のなかに、「利他《りた》の心」というものがありました。

自分の利益のため、つまり利己の精神で人と接すると、トラブルが起こる。他人のため、つまり利他の精神で接すると、分かち合う精神が宿るのだそうです。

利己主義か利他主義か、どちらを選ぶかで人生が大きく変わります。

人は、1人では絶対に生きてはいけません。

他の人の支えがあって、生きていけるのです。

「私が、私が」や「私は、私は」と、常に自分が会話の主役になろうとする人がいます。

そのようなタイプの人は、生き方すべてにおいて自分本位、つまり利己主義になっている場合が多いものです。

トラブルが多かったり、知らず知らずのうちに他人を不快な気持ちにさせ、結果的に自分が孤立してしまうことも少なくありません。

これは自分自身ではなかなか気がつかないものです。

ビジネスの世界は、自分本位では信用を勝ち取れません。

とくに、利己主義・利他主義で差が出るのが営業という仕事です。

相手に対する気づかいができず、自分ばかり話す。

そんな感性の鈍い自分本位な営業では売れません。

営業の心得は相手を思いやることからはじまります。

また、自分の成績や会社の業績のためだけに商品を売りつけると、お客様に大きな不満が生じます。

たとえ、その場では商談が成立しても未来につながる関係にはなりません。

自分の都合ではなく相手の都合を考えることによってはじめて、お客様は「買わされる」のではなく「買いたくなる」のです。

営業に限らず、仕事において「人」を大切にしない人、「人」に対する思いやりや優しさを持てない人に成功はありえません。

自分のことをちょっと横に置いておいて、いつもより少しだけ相手のことを思うことができれば、相手がなにを考え、なにを求めているのかわかるはずです。

ただし、人に対する優しさ、思いやりが大切だとわかっていても、それを形にあらわさないと相手には伝わらないものです。

難しいことではありません、言葉1つで相手の心を温めることもできるのですから。

「おごり高ぶったらあかんで、今日お前があるのは、支えてくれる人のおかげや…」

私の父の言葉ですが、その意味がやっとわかってきました。
これまで受けた恩を返す、返し切れない恩は次の人に送っていく。
そうやってこの世の中は成り立っている。
陰で支えてくれる人がいたから、いまの自分がある。
だから「おかげさま」。
今日から毎日、利他の気持ちでまわりに「おかげさま」の輪を広げてみませんか？

43

ラッキー、アンラッキーは日ごろの態度で左右されます。

「今日は運がよかった」とか、「あの人は運がいい」などと言いますが、「運がいい」「運が悪い」というのはどうやって決まるのでしょうか？

宝くじに当たるといった確率論的な運はどうしようもありませんが、日ごろの心がけによってある種の運をよくすることは可能だと思います。

よく考えてみてください。

世の中で運がいいことと言われるものの多くは、人からもたらされるものではないでしょうか？

会社で言えば人事異動が典型的な例です。

人事は本人の能力や適性に加え、人間性や人間関係が大きくかかわってくるからです。

つまり、運がいいとか悪いとかは、日ごろどのようにまわりの人に接しているかでかなり左右されるように思います。

誰でも感じのいい人やお世話になっている人にはよくしてあげたいものです。なにかいい話があれば、真っ先にその人に教えてあげたくなります。

その反対に、感じの悪い人や意地悪をする人には、なるたけかかわりたくないと思うのが普通です。

こんなこともわかりやすい例かもしれません。

レストランなど飲食店へ行って、サービスが悪かったと愚痴《ぐち》をこぼす人がいます。

あんな店へ行って運が悪かったと言ってしまいがちですが、本当に運が悪かっただけでしょうか？

店員さんが忙しいときに自分の都合だけで注文したり、お店に似つかわしくない服装や態度であったり、まわりの人が迷惑するような大声で話したり、そんな自分勝手な客になっていなかったでしょうか？

お客様がよい店を選ぶように、多少なりともお店もお客様を選んでいます。

店員だって人間ですから、無意識にそのようなお客様には冷たい態度になってしまったのかもしれません。

いくらお客様とはいっても偉ぶらず、ちょっとだけお店の状況や事情を考えてあげられる人は、きっとお店としても大事にしたいお客様なのだと思います。

つまり運のいい客になれるということです。

自分の都合を優先するなど、自分が得することばかり考えて行動していると、その

ときだけはよくても長い目で見ると損をしていることがあります。
うまく立ち回ったつもりでも、まわりはちゃんと見ています。

「情けは人のためならず」ではありませんが、相手のことをちょっとだけ思いやることによってあなたへの印象はかなり変わります。

よい関係はかならず幸運をもたらすと私は信じています。

44

人は許すことで、自分自身が許されます。

会社という組織に属していたり、仕事をしていたりするとどうしても気の合う人ばかりというわけにはいきません。

「気の合う人と仕事がしたい」と望んでも、かなわないことも多いものです。

気の合わない人とこれからしばらく一緒に仕事をしなければならないと思うと、ときにはネガティブになってしまうこともあるかもしれません。

性格が完璧な人間なんてこの世にいませんから、なんらか許せない部分があるのはしかたないことです。

わがままだったり、怒りっぽかったり、ちょっと意地悪だったり。

そんなときは、同じレベルで腹を立てず、「ああ、こんなことで怒ったりしてかわいいなあ」と思うことにしませんか？

子どもに腹を立てないのと同じで、一歩高みから見れば少々のことは許せるようになります（もちろん高飛車になったりしてしまわないようにしてくださいね）。

日本には「水に流す」というすばらしい言葉があります。

これを聞いたり言ったりするとスーッと心が洗い流されます。

誰かを許すことで、自分のステージが１つ上がる、そんなふうに思います。

過去の遺恨《いこん》や現在の状況をいつまでも考えていても、なんの生産性もありません。

人を恨む、怒る、ねたむという感情はとても大きなエネルギーです。

しかもマイナスのエネルギーですから、プラスのエネルギーが奪われていくわけです。
その大きなエネルギーや力を前向きに使うことができたら、きっと明るいことや大きなことができるはずです。

そうはいってもどうしても許せない人もいます。
そんなときは無理せず距離を置くようにしましょう。
物理的距離はもちろん、いつもそばにいるなら心理的な距離だけでも遠くしましょう。
つまり、あまり気にしないようにあえて心がけるということです。

他人と過去は変えられない、未来と自分はいくらでも変えることができる。
私が大好きな言葉です。
他人は変えられないのであれば、可能な限り許すしかありません。

許すことによって自分自身が少し許される、呪縛《じゅばく》から解かれ楽になる、そんな気がします。

イライラ、クヨクヨしているのは時間の無駄です。悩むと行動が止まります。歳を重ねるごとに1年は早くなります。

無駄にしている時間をぜひ有益に使ってください。

45

あなたのストレスもハッピーも職場全体に広がります。

人と話していると、ちょっとしたことで大きく怒られたり、怒鳴られたりすることもあります。

「なんでこんなことでこんなに怒るんだろう」と首をかしげたくなります。

そのようなときは、あなたやあなたのしたことに怒っているわけではなく、たいていの場合、その前の人やその前にあったことに怒っているものです。

だから怒られたほうはそれほど落ち込んだり、驚いたりする必要はないんです。

そのとき吐き出せなかった怒りやストレスがたまたまそのような形で出てしまった

ということです。

怒った本人はそれで少しはスッキリするかもしれませんが、怒られたほうは、たまったものではありません。

今度は、その人にストレスがたまります。

しかも、納得いかない怒られ方ですから、場合によってはストレスが増幅されたり、1人だけでなくまわりの何人にも当たり散らします。

ストレスや怒りは、伝染・波及するのです。

部長や社長が不機嫌で気難しい職場は、ほぼ間違いなく社員にストレスがまん延します。

社長や部長がストレスの発信源になっているわけです。

自分がいまちょっとストレスを感じているなとか、ちょっとイライラしているなと思ったときは、努めて顔に出さない、人にぶつけないようにしましょう。**ストレスは連鎖することを思い出して、自分のところでなるべく止めてしまいましょう。**


いまちょっとイライラしているとか、いろいろ大変で正直まいっていると、素直に先に宣言してしまってもいいかもしれません。

そうすれば、まわりも少しは納得してくれることでしょう。

逆に幸せな気持ち、ハッピーも伝染・波及します。

運のいい人と付き合うと自分も運がよくなるのも同じことかもしれません。

「なんでうちの会社はこんなに暗いんだ」と嘆く社長さんは、まず自分を明るくご機嫌にすることからはじめましょう。


人は明るいところに集まります。

いい話も明るいところに集まります。
明るい会社はかならず業績が上向きます。
今日からストレスを連鎖せず、ハッピーを広げる努力をしてみませんか？

46

あなた自身が他人のストレスになっていませんか？

「ストレス社会」とか、「仕事のストレス」という言葉をよく聞きますが、ストレスって一体なんでしょうか？

ストレスの大半は、人間関係なのだそうです。

ストレスは人から与えられるものと言ったほうがいいかもしれません。

やっかいなのは、まわりにストレスを与えている人は、その自覚がないことです。

たとえば、会議の席でボールペンを無意識にカチカチやっている人っていますよね。

本人はそれがどれくらいまわりのストレスになっているか気づいていません。

同様のことが、会社では無意識に数多くおこなわれています。

あいさつをしてもちゃんと返さない。

隣の人の机にまで自分のモノがはみ出ている。

メールをなかなか返さない。

相談するといつも否定から入る。

話が長い、同じ話を繰り返す。

昔話ばかりする。

約束の時間にいつも遅れる。

自分の意見ばかり押しつける。

などなど、対人関係で不快に感じることを数え出せばキリがありませんが、1つ2つは自分にも思い当たることはないでしょうか？

なかでも一番のストレスは、「おれが、おれが」「私が、私が」という自己中心的な考え方で、自分の思いどおりにならないと気がすまない人です。

自分を外から見ることができないのがその大きな理由です。

自分はいろんな人からストレスを受けていると思い込んでいても、じつは自分が一番まわりの人にストレスを与えていたりするものです。

むしろ、大きなストレスを与えている人ほどそのことに気づいていないことがよくあります。

小学校のころに教わったはずです。

「自分がやられて嫌なことは他人にするな」と。

大人になってからもそれができれば、本当に世の中は、おだやかなストレスのない社会になるはずです。

自分が他人からのストレスを感じたとき、ちょっとだけ、自分もストレスを与えていないか、まわりを気づかってみませんか？

47

やりたい仕事をするために社内にも気づかいをしましょう。

過剰な忖度《そんたく》は組織を硬直化させます。

さらに言うなら、社内において、ときに忖度は上司や同僚の保身や、社内で新しい仕事を引き受けてもらえない口実に使われてしまうことがよくあります。

つまり悪い意味での忖度です。

「たぶん社長は止めろと言うだろう」

「言って自分が怒られるくらいなら、言わないでおこう」

これが広がると企業のあり方が変わってきます。

本来は、お客様第一で考えなければいけないのが会社ですが、いつしか社長第一、自分の会社第一、さらには自分の身の安全第一になっていたりします。

とてもよいアイデアや企画があって、取引先も乗り気なのに社内を通せなかったという経験はないでしょうか？

お客様から頼まれたのに社内の承認がおりなかったということはありませんか？

こういった現象は保守的で安定した組織に起きるケースですが、その理由として、悪い忖度があげられます。

それから、もう1つは社内の人間関係の悪さや希薄さも要因の1つかもしれません。

自分のことを上司はわかってくれないと言う前に、自分は上司に対してどれくらい気をつかっているだろうか、ということも考えてみてください。

同僚に対しても同じです。

なにかをお願いして断られたら、「なんで」と思う前に自分はその人に日ごろなに

をしてあげているかを考えてみてください。

お客様への営業と同じように社内営業をしているでしょうか？

なにも気をつかっていない、なにもコミュニケーションをとっていないのに自分の都合ややりたいことだけ通そうとしても、それはちょっとムシがいいということです。

誰だって、危ない橋や面倒なことはしたくはないものです。

他人の手柄や仕事となればなおさらです。

それでもなんとか自分の企画や仕事を実現させたいなら、この人のために力を貸してあげようという人間関係を構築することが必要で、それは社内であっても同様です。

もっと言えば身内だからこそ心がけておこなうべきだと思います。

社内営業というとちょっと聞こえが悪いのですが、ゴマをするわけではなく、円滑な人間関係をつくっておけばよい仕事がスムーズにできると信じています。

仕事のできる人は、仲間からも愛される人です。

48

よい職場環境は自分たちでつくりましょう。

世の中にも、会社にも本当にいろいろな人がいます。

性格のいい人・悪い人。

親から子どもへ顔つきや能力が遺伝するように性格も遺伝していきます。

でもそれは、遺伝子によって遺伝するのではなく、多くの場合は、環境によってつくられるものだと思います。

太りやすい家系は、太りやすい遺伝子が遺伝するのではなく、親の太りやすい食生活や好みがそうさせている場合が多くあります。

親や家族からストレスを与えられて育つと、いつしか自分も同じことをしてしまう、そんな例は数多くあります。

親子で「悪いところほどよく似る」というのも同じことです。


人間は不思議なものです。

自分がされて嫌なことは、人にはしないほうがいいとわかっているのに、知らず知らずになぜか同じことをしてしまう。

もしかしたら、持って生まれた習性なのかもしれません。

車の運転が荒っぽいと言われる地域は、たまたま乱暴な人が集まっているわけではなく、まわりが荒いから影響されてみんなも荒くなっているわけです。

会社でも同様です。

ひとりひとりは、それぞれそれなりに個性があるけれど、会社全体となるとなんとなく同じ傾向がある。

それは、長い年月のなかで徐々につちかわれた、仲間同士からの影響なのだと思います。

『ペイ・フォワード』という映画をご存じでしょうか？

アメリカの11歳の少年が、「世界を変えるためになにをするか？」という社会科の課題に、「なにかいいことや親切をされたら、自分も誰か別の3人にしてあげる」というアイデアです。

つまり、1対1の恩返しではなく、3人への恩送りをしていくルールをつくったのです。

やがて善意の輪ペイ・フォワードがアメリカ中に広がったというストーリーですが、この映画ほどわかりやすくないものの、善意も悪意も知らず知らずに広がっているものです。

もしかしたら、悪意のほうが広がりやすいのかもしれません。

だからこそ、自分のところでできる限り悪意は広めず、善意は努めて広げるようにしたいものです。

仕事や会社の悩みの80％は人間関係だと言います。
職場の環境をよくするためには、まず自分が同僚にストレスを与えず、ペイ・フォワード、恩送りをしてあげることが大切です。

6章

扉を開けなければその先の景色は見えない

昨日と違う自分になりたいときに

明日が変わる「仕事」と「生き方」

49

昨日と同じことをしていては今日も未来も変わりません。

成功する人に法則があるように、成功しない人にも法則があります。

「昨日と同じ今日を過ごしながら、違う結果を求めることを、愚か者の法則と言う」

これは、ある外資系化粧品メーカーを大きく立て直した経営者から教わった言葉です。

たとえば、ゴルフが好きな人なら、ろくに練習も工夫もしないのに「なんでうまくいかないいんだろう」「なんでいいスコアが出ないいんだろう」と言う人。

毎日、好きなものを好きなだけ食べて運動もしないのに、「また太っちゃった。なんで痩せないんだろう」と言う人。

仕事でも同じです。

営業なら、毎日同じお得意先や同じルートばかりまわっていて「なんで売り上げが伸びないんだろう」と言う人。

飲食店やサービス業なら、毎日同じメニューやサービスをしていて「なんでお客が増えないんだろう」と言っている人。

そんな人がとても多いように思います。

そう考えると「昨日と同じ今日を過ごしながら、違う結果を求めることを、愚か者の法則と言う」、この言葉は、ものすごく納得できます。


知っているのと、やっているのでも違いはあります。

行動に移してはじめて結果が出ます。

いいとわかっていることを知っていても、昨日と同じような行動をとっていたり、新しいことをやっていなければ、変化を求めたり収穫を期待すること自体が理に反しているというものです。


他人と過去はどんなに頑張っても変えることができません。

しかし、自分と未来は変えることができます。


なにかを変える、自分を変えるということは大変なことです。

とってもつらくてきついことです。

でも、大きく変わるからこそ大変なんです。

だから、けっして楽をすることに逃げないでください。

もし、いまものすごくつらくてきついなら、それがじつは一番成長につながっていることを、どうぞ覚えておいてください。

なによりも気づいたときがスタートです。すべてを変えられなくてもいいんです。

昨日よりもここを変えてみよう。

この部分だけ直してみようと、1つでもいいから変えてみてください。

そして、思うような効果や成果がすぐにあらわれなくても、一度はじめたことはあきらめないで続けてください。

結果はかならずあとからついてきます。

50

現状に満足せず、とにかくやってみましょう。

以前、私が心から尊敬するメンタルトレーニング指導の国内第一人者、西田文郎先生との講演会をおこなう機会をいただきました。

西田先生は、大脳生理学にもとづいた「ブレイントレーニング」を確立し、これまでに何千人ものビジネスマンを成功に導いてきました。

その西田先生は講演のなかで、仕事で成功する人の条件についてお話されていました。

その条件とは、「人間は安心・安住すると意欲がなくなる」「少しバカになって、かならずできると信じること」なんだそうです。

安心・安住することによって燃え尽き症候群となり、仕事への意欲が減退する。

背水の陣ほどではないにしても、少し刺激や危機感が必要ということです。

それから、できるかできないかを自分で判断しないで、自分はとにかくできると信じて、できるまで頑張る。

確かに、そのとおりです。


アップル社の創設者であり、スマートフォンの生みの親でもあるスティーブ・ジョブズ氏も同じことを言っています。

「Stay hungry, stay foolish」

スタンフォード大学でおこなった講演の最後に言った言葉としてあまりにも有名になりました。

直訳すると「空腹でいなさい、愚かでありなさい」ということですが、その真意は

「現状に満足して歩みを止めるな」「常識を疑い、できない理由を探すな」ということでしょうか。

ハングリーに関しては、健康面やアンチエイジングの観点からも常に満腹よりも少し空腹の状態のほうがいいそうです。

人類は有史以来、常に空腹と戦っていたため、空腹状態になると身体や脳が獲物を求めて活性化するためです。

その意味から、仕事においても、やはり「ステイハングリー」は理にかなっています。

またフーリッシュの意味するところは、人は経験を重ねるたびに賢くなりますが、同時に頭が固くなってきます。

新しいことをやってみる前に、過去の失敗に照らし合わせて勝手に無理だと判断してしまったり、常識にとらわれてチャレンジすらしなかったりしがちです。

言葉は悪いのですが、少しバカになってとにかくやってみることが大切ということでしょう。

人類は、思い描いたことはすべて実現してきました。
ＳＦの世界も、もはや現実になっています。
夢を持って、できると信じて突き進んだ結果です。
自分たちの仕事でも、常に目標を持って何事にもトライしていきたいですね。

51

自分の思い込みが自分の限界をつくる。

「自分の能力の限界」、それは思い込みが限界をつくっているということです。
やればできるのに、やらない。
できるのに、自分には無理だと判断してやろうともしない。
世の中の多くの人がそうです。
成功している人だけに、才能や運は与えられたものでしょうか？
そんなことは絶対！にないと、私は思います。
自分はできると信じて努力を続けた人や行動に移した人、そういう人こそ成功するのだと信じています。

「エレファント症候群」をご存じですか？

小さいころ、鎖《くさり》で杭につながれた象は、大きくなって力が強くなってもその杭を引き抜いて逃げ出さないと言うのです。

何度やっても杭が抜けなかった経験で、しだいにあきらめ、チャレンジすらしなくなってしまう。

なにも知らない人が見れば、大きな象が小さな杭につながれている、とっても不思議な光景です。

同じように、私たち人間もこれまで経験したネガティブな部分だけで物事を判断して、やりもしないのに、無理！と決めつけていることが多くあります。

二度目があればうまくいったかもしれないのに、過去の一度の失敗で、すべてダメ！と思っているのです。

思い込みによる限界によって、私たちは行動することをやめてしまいます。

ちょっとくらい利口な人よりも、ちょっとだけおバカになれる人のほうがうまくいくのかもしれません。


成功の反対は、失敗ではありません。

成功の反対は、行動しないことです。

チャレンジをやめてしまうことですべての成功の扉が閉ざされてしまうのです。


思い込みが限界をつくるなら、思い込みが本当になってしまうこともよくあります。

むしろ、成功する人はこのよい思い込みが強いものです。

自分は、かならず成功する、なりたい自分になってみせる、いや、なるに決まっていると思い込むことで、そうなるように勝手に自分自身や行動がプログラムされていきます。

人との約束を守るように、自分との約束を守りましょう。

絶対やる、自分はできると決めたなら、自分を信じてあげましょう。

人と比べる必要も大きな目標を掲げる必要もありません。

山に登るように、山頂からのすばらしい景色を思い描きながら、一歩一歩登っていきましょう。

昨日まで無理だと思っていたことを、思い切って今日はチャレンジしてみませんか？

もしかしたらできるかもと信じて。

きっとできると信じて。

52

一歩動き出せば、ずっと動くことができる。

エステティックサロンやフィットネスクラブに行くと、不思議に思うことがあります。

それは、キレイな人ほど、熱心に美を追究しているのです。

スタイルのいい人ほど、毎日一生懸命、身体を鍛えています。

以前、エステティックサロンを経営している女性社長がこのようなことを話されていました。

「通う必要のない美しい人がもっともっととおっしゃり、いらっしゃったほうがいいんじゃないかという人ほど必要ないとおっしゃる」そうです。

仕事も同様に、優秀な人ほど、自分をまだまだと思い、努力し、自分磨きをおこたることはありません。

それに比べ、もっと頑張ってほしい人が、努力もしなければチャレンジもしない。

自分に努力が必要なことすらわかっていない。

これを私は「エステの法則」と呼んでいます。

仕事のできる人は、本を読んだり、研修会に参加したりと、現状に甘んじることなく努力しています。

できる人が努力するから、そうでない人との差はどんどんと開いていきます。

スタート時点ではそれほど差がなくても、3年5年10年とそれが続けば、その差はあきらかな違いとなります。

エステの法則は個人だけでなく、企業にも当てはまります。

私は、仕事柄いろいろな会社を訪問しますが、受付やエレベーターなどでの社員の応対で、その会社の社員レベルがわかります。

「ここはすごいな、社員教育が行き届いている」と思う会社ほど、みなさん口を揃えて「いえいえ、うちはまだまだです」とおっしゃいます。

もちろん謙遜《けんそん》している部分もあるかもしれませんが、求めているものはもっと先にあり、本当にできていないところを理解していることがよくわかります。

逆に、絶対ここには社員教育が必要だと思う会社ほど「いらない、必要ない！」と強く拒否されてしまいます。

客観的に自分を見ることすらできなくなっているのかもしれません。

自動車が動き出すときに一番エネルギーを必要とするように、何事も、はじめるには覚悟が必要です。

でも、走りはじめれば、あとはそれほど力を必要としません。

ときには後押しや下り坂もあります。

だから「エステの法則」は一見、とても不思議ですが、じつは理にかなっています。

動いているものはどこまでも動く、動かないものはいつまでたっても動かない。

慣性の法則のようなものです。


まずは、なりたい自分を強くイメージして、そのために一歩目を踏み出してみませんか?

自分はできると信じて、今日から動いてみませんか?

その一歩を踏み出すことによって、あなたの未来は大きく変わります。

53

素直な心があれば人はいくつになっても成長できます。

赤ちゃんや小さい子どもを見ていると、本当にその成長の速度に驚かされます。

新入社員もそうです。

ついこの間までなにもわからなかったのに、半年、1年、2年もすると、先輩に肩を並べるほどのいい仕事をして、まわりをビックリさせることがあります。

それに比べると自分はどうでしょうか?

去年やおととしの自分となにか変わりましたか?

子どもも新入社員も共通しているのは素直さです。

素直であることは、人が成長するうえでもっとも大切なことだと思います。

反対に、何年も同じ仕事をしていると成長が止まるとき、または止まっている人がいます。

まわりの環境はどんどん変わって進化しているのに自分だけが変わらないから、結果的にそれは自分が退化していることになります。


人の成長をさまたげるもの、それはおごり、うぬぼれです。

「自分はできる」と慢心し、人の話を聞かなくなる。

長年、同じ環境に身を置いていると生じるのが、この「おごり」「うぬぼれ」「慢心」。自分の考え方ややり方はすべて正しいと思い込み、なにひとつ変えようとしなくなってしまうことがよくあります。

ベテランというのは、一般的にその仕事に精通したプロフェッショナルというイメージで使われる言葉ですが、かならずしもベテランであることがよいことばかりではありません。

常に成長し、よりよくなろうとしているか？

素直に、人のアドバイスや意見に耳を傾けているか？

そうでなければ、ベテランであることは逆にハンディになってしまいます。


人との出逢いは、もっとも成長できるチャンスです。

十人十色と言うように、人それぞれにやり方は違います。

こんなやり方があったのか！と目からウロコが落ちるときもあります。

自分のやり方だけが正しいという思い込みが、間違いであることを気づかせてくれる瞬間です。

違った環境に身を投じ、それまでの自分を振り返る。

素直な気持ちで、自分の非を認める。

上司や先輩の話をムカッとせずに聞くことができるか？

たとえ部下からであっても耳の痛い忠告をありがたいと思えるか？

本当の人間の度量とは、そのようなところにあらわれます。


成長は、年齢で止まるものではありません。

素直な心がなくなったときに止まるのです。

成長しようとする気持ちと、素直な心があれば、人の心はいくつになっても成長できると思います。

54

見えないところでの努力や経験が、人間の厚みに変わります。

人間としての厚みや奥深さについて考えたことがありますか？
人徳と言いかえてもいいかもしれません。
徳を積むとは、見えないところをキレイにすること。
つまり人の見ていないところで努力することにほかなりません。
もっと言うなら、人の見ていないところほど手を抜かず努力することです。
表面だけ取りつくろっていても、なにか違和感を抱かせてしまうものです。
初対面はともかく、二度、三度と会っているとかならずボロがあらわれます。

ふとした瞬間にあらわれるふだん見えない部分が、その人の本質です。

その本当の部分が見えたとき、がっかりしてしまったり、逆に心から好きになったりするものです。

ミスユニバースのコンテストでは、ひとりひとりのアピールタイムに加え、後ろの席で待っているときのしぐさや態度まで審査の基準になっていると聞いたことがあります。

まさしく、その人の内面まで審査しているということです。

人は誰でも、人から認められたいという気持ちがありますから、頑張っているところを見てもらえないのは残念に思います。

そんなときはこう考えましょう。

誰も見ていないところで頑張るから人間としてのポイントがたまる。

つまり奥が深くなり、自分自身の徳がアップすると思えば、むしろ人が見ていない

ところほど頑張れるようになれます。

自分の自慢やアピールばかりして飾り立てた人よりも、控えめだけれど実績を残している人のほうが存在感があります。

徳は言いかえれば、持っているオーラということです。

その人の厚みや奥深さと言ってもいいかもしれません。

同じことを言っても、言う人によって言葉の重さが違うのは、この見えない部分の努力や経験があってこそだと思いませんか?

反対に、徳を減らすとても簡単な方法があります。

それは、他人の悪口を言うこと。

しかも、陰で、見えないところで言うことです。

悪口を言うのは確かに盛り上がります。

でも盛り上がっているようで、じつはどんどんと自分の徳を減らしているのです。

悪口は負のオーラをまき散らしていると思いましょう。
人の悪口は言った分だけ、自分も陰で言われています。

本物はどこから見ても本物です。
見えないところをキレイにする。
少しずつ今日から実践してみませんか？

55

常に前向きな言葉を使いましょう。

「言葉のクセは思考のクセ」だと思います。

その思考を言葉に出す、いえ思考が言葉に出ることで、その言葉が行動をつくるのです。

言葉に出すことによって、行動を起こすきっかけができ、行動が習慣をつくり、習慣が価値観をつくるんです。

逆に考えれば、言葉のクセを変えれば思考も変えられるということです。

体質改善以上に難しいのが心質改善です。

常に自分の思考をプラスに持っていけるように、まずは「習慣化」することからはじめてください。

表現はすごく大事です。

口から出る言葉には、とくに意識をしたいものです。

言葉には魂が宿ると言います。

少しの意識、言葉のクセを変えるだけで、考え方のクセも大きく変わります。

常に意識して、プラスの言葉を発しているか、無意識のうちにマイナスな言葉を発しているかで、長い年月には大きな違いになります。

思考は現実化します。

だからこそ、せっかくならプラスの思い込みにしましょう。

通常、思い込みはマイナスになりがちです。

それをプラスに転換しましょう。


人生には、試練やつらいこと、苦しいことが、何度もあります。

それを「あ〜あ、なんでこんなことが起こるんだ」ではなく、「よし試されている！」

「これを乗り越えて絶対に大きく成長しよう！」と思い込むことが大切です。

自分が実現したい事柄に対し、「ああしたい、こうしたい」と思うのではなく、「ああする、こうする！」と声に出して、断定する。

そうすれば、きっと（かならず）自身の行動に変化が訪れます。

プラスに物事を判断するか、マイナスにとらえるかでは、その後の行動が変わります。


以前、教わった言葉があります。

「すべての成功は偶然ではなく、習慣によって生み出される」

習慣によってできあがった体質。

習慣によってできあがった心質。

習慣革命に必要なのは、21日間です。

習慣になるまでは、苦痛をともないます。

しかし、いつしかその苦痛が習慣になることで苦痛ではなくなり、やらないと落ち着かなくなる。


ぜひまずは21日間、プラス思考、プラスの言葉を発してみませんか。

3週間後には、きっと違う世界が待っていますよ。

56

自分との約束を守りましょう。

「努力」はウソをつきません。
「努力」はあなたを裏切りません。
努力し続けることで、かならず力になります。
その場で結果が出るか、あとで出るか、だけの違いです。
なんの努力もしないで、結果を求めるのは、ムシがよすぎます。
行動量に比例してかならず結果はついてきます。
昨日と同じ今日を過ごしながら違う未来はありえません。

そのためにも、まず自分との約束をいかに守り続けるかです。

この約束は破ってしまっても誰にもわからないものです。

言わなければ誰にも知られることもない。

けれども、約束を守ったかどうかを自分が一番知っているのです。

じつは、人との約束以上に自分との約束を守るほうが難しいのです。


営業をしていたころ、いつも訪問件数を水増ししている先輩がいました。

もちろん売れていませんでした。

私と同じ時間帯に飛び込み営業をしていたのですが、なぜか私の倍の件数を報告していたのです。

ウソ、いつわりの数字を書き込んで、なんの得があるのだろうか…、といつも疑問に感じていました。

人はだませても自分はだませません。

うまくだませたようでも、見る人が見れば、すぐにバレてしまいます。

だからこそ、自分との小さな約束を守ってほしいのです。

小さな約束を守り続けるその先に、とてつもなく大きな世界が待っています。


自分はできると信じ、あきらめないでやり続けること。

途中で放棄せず、最後までやろうとしている自分を評価すること。

決めたことをやりきるからこそ、それが自信につながっていきます。

もし途中で挫折してしまったら、自分を責めず、また1からはじめればいいのです。

三日坊主でもおおいにけっこう!

三日坊主でもいいから3日間続いた自分を認めることです。

もし、続かなかったら、リセットして今度は何日続くか再チャレンジすればいいのです。

そして、だんだん期間を延ばしていきます。

少しずつ続けることで、「やればできる!」という自分と出逢えるようになります。
小さな成長の積み重ねにより、大きな自信を手に入れることができるのです。

積み重ねた努力は確実に力になっていきます。
努力し頑張っているあなたを見ている人はかならずいます。
「努力」に勝る才能はないかもしれません。

57

夢を持てば毎日が楽しくなります。

「夢サイクル」をご存じでしょうか？

「夢があるから目標を持ち、目標を持つから計画を立てる。計画を立てるから行動に移すことができ、行動に移したから結果が出る。結果が出るから自信につながり、自信がやがて夢をかなえる」というサイクルです。

スタートは「夢」です。

行動を起こすためには、夢を目標に変え、計画を立てることが必要になってきます。

そして行動の結果、かならず自信が生まれます。

この自信が夢を現実に変えます。

まずは夢を明確に持つことが大事なのです。


「夢サイクル」には逆のサイクルもあります。

「夢のない人に目標なく、目標のない人に計画なし。計画のない人に行動なく、行動のない人に結果なし。結果のない人に自信はなく、自信のない人に夢はない」というものです。


夢がない人、明確になっていない人は、なんの行動も起こさず、さらに夢がない状況が続くのです。


夢はたわいのないものでもいいと思います。

それがどんなに小さな、ささやかな夢であってもかまいません。

夢、と呼ぶのがあまりにも漠然としているのであれば、「あこがれ」からスタートしてもかまわないと思います。

夢を実現するためにはその夢を紙に書き出してください。

紙に書いたことは実現します。ビックリするくらい実現します。

ただし、夢を紙に書くときは、「〜してはいけない」「〜にならない」など、自分の欠点を否定の言葉で書き連ねてしまうような「できない（ダメ）リスト」にしてはいけません。

マイナスの言葉は悲観的になりやすいため、かならずプラスの言葉に置き換えることが大事です。


次に、夢に期日をつけて目標にし、さらに具体的な計画に落とし込むのです。

そして、行動に移す。

最初は「とても無理」と思えるかもしれません。

それでもかまわないのです。

あまりにも大きな夢だとしても、小さな目標をつくってひとつひとつクリアすることは今日からでもできます。

もし結果が出なかったり、失敗してしまったりしたら、目標と計画を修正して、再度行動すればいいのです。

ちょっとやってすぐあきらめたり、投げ出したりしないでください。


失敗とは、夢が逃げることではありません。

途中で夢をあきらめることです。

あきらめずにチャレンジし続ければ、最後にはかならず結果が出ます。

まずは夢を持ちましょう。

夢は自分を動かす最大のエネルギーです。

そしてその夢を実現するために、今日から行動を起こしてください。

58

悪口を言われる人間になりましょう。

どんな時代でも結果を出している人は、他人からの嫉妬《しっと》や反感をかってしまいます。

残念ながら、どの組織においてもそれは仕方のないことです。

悪口を言われる人、人から批判される人は、まさに結果を出している人です。

しかしながら、批判している人と批判されている人、果たしてどちらが会社にとって本当に必要な存在ですか？

誰からも好かれる人というのは、なかなかいません。

不特定多数の悪口を恐れるより、特定少数にほめられる、愛されるほうがずっと得です。

みんなにいい顔をするより誰に愛されるか、誰がファンになってくれるかが大切です。

批判や悪口ばかり言って、なにもしていない人を味方にしても、正直あまりメリットはありません。

そのような人たちに気をつかえば、本来仕事へ注がれるべきエネルギーが減ってしまいます。

ただし、むやみやたらに敵をつくる必要はありませんから、最低限の礼を尽くせばそれでいいと思います。

逆に、誰しも人間ですから、他人がうらやましい、ねたましいときがあります。

そういうときは、おおいにねたんで、うらやましがってください。

でも、絶対にほかの人に悪口や批判を言ってはダメです。

自分の心に人をねたむ気持ちが湧いてきたら、それはあなたが成長するチャンスでもあります。

あなたにとって、うらやましい人はあなたにないものを持っています。

うらやましい人は、あなたがなりたい自分像です。
ねたみっぱなしではなく、その人から学べばいいんです。
うらやましい気持ちはそのためのエネルギーに変えましょう。

成功して目立つとかならず批判する人があらわれます。

出る杭は打たれますが、出過ぎた杭はその存在を認めざるをえません。

中途半端ではなく、突き抜けてしまった杭は文句を言われないばかりか、いずれ尊敬されるようになります。

昔の高度経済成長期のように右肩上がりの好景気のなかで、安定した雇用があれば、事なかれ主義も通用しましたが、現在はどの会社も生き残りに必死です。

出過ぎた杭が、その会社を救うのだと思います。


ただし、アドバイスには耳を傾けましょう。

でも批判や悪口には聞く耳を持たないことです。

どうしても聞こえてくるなら、それは勲章と思いましょう。

人の批判より自分の信念！

むしろ批判されるような仕事ができるよう、今日から思い切ってチャレンジしていきましょう！

59

緊張する場所に身を置いてセルフイメージを高めましょう。

人は、意識が変わると行動が変わります。

行動が変わると結果が変わります。

そして、結果が変わると人生が変わるのです。

セルフイメージを変えることで、なりたい自分になれます。

人は知らず知らずのうちに、自分の限界を決めてしまいがちなものです。

あなたも難問にぶつかったとき、最初から「できない」とあきらめたことはありませんか？

でも、「自分には無理」という悪いイメージを持ってしまうと、本当はできるはずのことすらもできなくなってしまいます。

一流のスポーツ選手は「新記録を出して、人から喝采を浴びる姿」を試合の前にイメージするそうです。

いわゆるイメージトレーニングというものです。


では、どうしたらセルフイメージを高めることができるのでしょうか。

ポイントは「すてきだな」「こうなりたい」と思う人がいる場所や、空間のなかに身を置いてみることです。

私が営業をはじめたころ、上司から教わったことがあります。

それは「空間を買う」ということです。

当時、私は本当にまったくお金を持っていませんでしたが、それでも電車で移動するときにはグリーン車を利用し、休日には高級ホテルのラウンジで本を読むことを意識的にやりました。
そうやってすてきな空間に身を置き、豊かな自分を演出することでセルフイメージは上がっていきました。

人は「居心地のよい場所にいたい」と思うものですが、ついつい努力や苦労なしですませられる環境を求めてしまいがちです。

自分のまわりにいる人の口グセや行動、そして気持ちの持ちように似てくること。これを「つるみの法則」と言います。

誰でも自分と似た境遇や、生活スタイル、経済力である人と一緒にいることで安心します。そして長い時間を過ごすうちに似てくるのです。

だから、緊張感もなく、なあなあで付き合える仲間と過ごしていると、現状の不満や愚痴《ぐち》をこぼし合うばかりで、ちっとも先に進むことができません。

同じ環境にとどまっていては、変化することができないのです。

成長・成功するための近道は、運のいい人、成功している人のそばに行くことです。

人生における理想や、大きな目標を実現したいと思うのであれば、「つるみの法則」を使って、まずは自分自身のセルフイメージをしっかりと高めておきましょう。

60

本で読んだことは1つでいいからできるまで実践しましょう。

ダイエット、ゴルフなどのハウツー本。
仕事のやり方に関する本、自己啓発本。
本屋さんにはこうした本が並んでいます。
まずは、その本を手にとっただけでも、そのことに前向きな証拠です。
でもこういった本を読んでも思うような効果が上がりません。
もっとも、本を読んだだけでできるのであれば、スポーツをする人はみんなプロや
金メダリストになってしまいます。

私も何冊か仕事に関する本を書かせていただいていますが、ノウハウ本の上手な使い方についてはちょっとコツがあります。

まず一番大切なのは自分を客観的に見ることです。

自分がどのレベルにあるのか？

自分のどこがいけないのか？

できれば、自分だけで判断せず、信頼できる上司や同僚からの意見を取り入れたほうがより客観的になります。

その大小はあるにしても、たいていの人は自分自身を正確に把握していません。

これが、ある程度正しくできないことには、このあとに無駄な努力をすることになってしまいます。


次に、本に書いてあることはわかっていることなのか、わかっていてもできていないことなのかを見極めることが大事です。

わかっているとやっているとはまったく違います。

さらには、やっているとできているもまったく異なります。

はたから見れば、やっているつもりでもできていないから思うような成果が上がらないというわけです。

わかっている、思っているだけではなにも変わりません。

行動に移すかどうか、できるまでやるかどうかです。


大事なことは1つでもいいから、3週間続けてみることです。先にもお伝えしましたが、3週間続ければ習慣となり、意識しなくてもできるようになるからです。

その積み重ねです。

3週間で1個なら、1年では17個も身につくことになります。

ノウハウ本を読んで、読んだだけで満足していないでしょうか？

できるようになってはじめて、本に書いてある本当の意味を理解することができます。

なりたい自分を強くイメージして、欲張らずひとつひとつステップアップしていきましょう。

最初はつらかったことが自然とできるようになっている。

それこそが成長の証しだと思います。

おわりに

最後に、本書「仕事で凹んだときに」の出版は、あらためて、「縁の力」「出逢いの崇高さ」を深く深く感じさせていただく機会となりました。

推薦文を執筆してくださったファッションレスキュー社長　パーソナルスタイリストの政近準子様。突然のお願いにも関わらず、快くお引き受けくださいました。ご多忙のなか、本当にありがとうございました。

ＳＢＣ信越放送様とのご縁をつないでくださった元リッツ・カールトンホテル日本支社長、人とホスピタリティ研究所所長の高野　登様。

高野様のおかげで、夢だったラジオ番組を持つことができました。あわせて、このたびの推薦文も執筆してくださいました。本当にありがとうございます。このご恩はけっして忘れません。

そして、２０１３年10月４日からはじまり、４年間続けさせていただいたラジオ番組を１冊の本として、形にしてくださったＳＢＣ信越放送の柳島良明様。担当責任者として４年間、弊社の小林尚子と一緒に番組を育ててくださいました。

こうして、いただいたご縁は、長野県内の放送にとどまらず、２０１６年２月４日からは「ニッポン放送」、２０１４年７月24日には長野で講演会。そして番組ＣＤの発売。さらには今回の「仕事で凹んだとき」の出版とつながっていきました。

出逢いによって人生は確実に変わる。出逢い運こそ最大の人生運である。あの日、あのときの出逢いがあったからこそ、貴重な経験ができました。

念願であったラジオ番組を持つことを借金返済の日々に追われていた20年前の私は想像もできませんでした。夢にも思わなかったです。

夢は見るものではなく、かなえるもの。まさに自らの体験を経て、心底出逢いの崇高さを噛み締めています。本当に心から感謝しています。

ラジオ番組を持てた奇跡。懸命にサポートしてくださった方々の存在もけっして忘れません。ご縁をいただいた皆様にこの場をお借りして、御礼申し上げます。

ありがとうございました。本当にありがとうございました。

末筆になりますが、本書を最後までお読みいただいた読者の皆様に心からの御礼を申し上げます。

皆様の未来を切り開く一助になる一冊でありますように…。

ありがとうございました。

朝倉　千恵子

仕事で凹んだときに

2019年6月9日　初版発行

著者：　朝倉千恵子

企画：　信越放送株式会社
企画進行：　横田優花　小林尚子
イラスト：　比企由有子
デザイン：　平林美穂（heirindo design）
編集協力：　丹後智紀

発行者：　林 佳孝
発行所：　リンデン舎
〒381-2206　長野県長野市青木島町綱島490-1
TEL：026-213-4013　FAX：026-284-7779
発売元：　サンクチュアリ出版
〒113-0023　東京都文京区向丘2-14-9
TEL：03-5834-2507　FAX：03-5834-2508
http://www.sanctuarybooks.jp/
印刷・製本：　大日本法令印刷株式会社

ISBN 978-4-86113-396-1